JN252260

P4C叢書

フィリップ・キャム 著／桝形公也 監訳
井谷信彦・高井弘弥・中川雅道・宮澤 是 訳

共に考える
小学校の授業のための哲学的探求

philosophy for children

萌書房

凡　例

1　本書は，Philip Cam, *Thinking Together: Philosophical Inquiry for the Classroom*, Hale & Iremonger Press, 1995. の全訳である。現在購入できる原書は，シドニーの The GHR Press より再版されたものだが，本書は前者を底本としている。

2　原文のイタリック体のうち，著作については『　』で括って表した。

3　原文の‘……’は「……」とした。

4　原文イタリックのうち，強調を表すものは傍点を付した。また，原文のキャピタリゼーション（大文字化）は太字で，下線は下線で表すことを原則としているが，特に強調する必要はないと判断した場合や，文脈上煩雑になるものは，必ずしも原則に従っていない。

5　原語を補った方が分かりやすいと考えたところは（　）内に原語を示した。

6　〔　〕内は訳者による補足である。

7　引照文献のうち邦訳書があるものは，適宜その訳文を参考にさせていただいたが，本書の引用箇所の訳文については，必ずしも邦訳書に従っていない。

日本の読者へ

　私が『共に考える』で展開したようなアイデアは，1980年代後半に哲学者であり教育者でもあったマシュー・リップマンと彼の同僚のアン・マーガレット・シャープが紹介してくれたものです。当時，リップマンとシャープはニュージャージー州のモンクレア州立大学に子どものための哲学の推進研究所（the Institute for the Advancement of Philosophy for Children（IAPC））を運営していました。『共に考える』の出版に先立つ数年間，私はその研究所の員外スタッフとして勤務し，リップマンとシャープが毎年ニュージャージー州のメンダムで行っていた国際研究者ワークショップで，彼らと共に教育する恩恵に浴していました。私は，最初は大学の教室で哲学を教える教師でしたが，リップマンとシャープと共に仕事をして初めて，哲学と学校教育とが結びつくということを学ぶことになりました。私は哲学を大学生に教え，教師の経験を実際に持ってはいましたが，二人に会うまでは，哲学者が探求するような問題，哲学者がその問題を探求する方法が，どうして学校教育の初期の段階から教えられるのだろうか，考えたこともありませんでした。

　1991年にアン・シャープはシドニーを訪問してくれました。その訪問の際，彼女は私に子どものための短い哲学的な物語をいくつか示してくれました。それらの物語は，リップマンが教室で使うことができるように書いた哲学的小説に影響を受けた人たちが書いたものでした。彼の小説とその付属のIAPC教師マニュアルは，当時学校に哲学を導入するために使われていた標準的な授業用教材でした。アンの話ではこの線に沿って哲学を教え始めた人が何人かいたということでした。そして私は，彼らの仕事の最善の部分を一つにまとめて出版する人がいてもいいのではと彼女に伝えました。すると，彼女は，彼女特有の仕方で，即座にそれは私のすることだと言ってきたのです。当時はあまり理解してはいなかったのですが，物語を収集編纂するというこの冒険（私は『共に考

える』をこう呼んだのですが）と，それと一緒に授業の手助けとなる教材を出版するということは，私のキャリアを変えることになる多くの著作の最初のものになったのです。

　授業の手助けとなる教材を出版したことは別にして，『共に考える』は私が教師のために書いた最初の本でした。私にはオーストラリアの国家機関である小学校英語教育協会（the Primary English Teaching Association（PETA））からこの本を書くようにというアプローチがありました。というのも，この協会は，私の仕事が小学校の授業活動で中心となっている子どもたちの文学の探求を育成するであろう，と考えたからです。小学校の先生であれば誰でも，日常的に児童文学を使用しています。PETAは私が推奨していた共同的な探求方法が文学の議論のための有効な基礎となるだろうと考え，質問すること，概念的な追求，推論といったようなことに注意を向ければ，それは議論を本当に実効性のあるものとするであろうと考えたわけです。

　これらのことのすべては，リップマンはもとより，かなりジョン・デューイのお蔭を蒙っています。リップマンが哲学をするようになったのは，一つは，デューイを読んだお蔭であり，しかも，リップマンはニューヨークのコロンビア大学の大学院生であった時に，晩年のデューイと面識を得ることとなったのです。デューイは20世紀前半の合衆国で影響力のあった哲学者の一人です。デューイの思想の中，二つのものがリップマンに影響を与えました。一つは，考えることを教えることは学校教育の中心たるべきであるというデューイの主張です。「考えること」ということで，デューイは探求のことを考えており，それは彼の科学的探求の理解を模範としていました。経験的な追求と結びついているような思考を強調する一方，デューイは哲学が学校での日常の教育や学習に何か顕著に貢献できる特質を持っているかどうか考察していたようには見えません。考えることを教える際に欠けている要素は哲学だと自覚したのはまさにリップマンでした。リップマンはまたデューイが抱いていた民主主義の共同体的な概念によってかなり影響を受けていました。このような理解に基づけば，学校は，子どもたちが民主主義的な社会で生きる準備をするために，社会を民主主義的なものにするのに役立つような様々な関係や様々な形態のものの

見方を育成すべきなのです。このためには，何よりも，学校はオープン・ディスカッションを育み，よく考えて意思決定をする時に広範な利害関心や見解を考慮する備えを育成する必要があります。リップマンにとって，このことは，どこでも集中して行われている個別的な勉強や書くという作業よりも，むしろ，授業でのディスカッションや対話を奨励することを意味していました。それは，常に「はい」か「いいえ」を求める問いに答えるとか，決められた教材を暗記するというよりも，決まりきった答えのない問いを追求し異なった見解を吟味することでした。

　私たちがこれら二つの事柄を一つに統合すれば，結局，探求の共同体としての授業に至ることになります——これは，リップマンが作りたかった学習の共同体といったようなものに対応する用語であります。この用語が含意しているように，そのような共同体は考えるということが中心になったものです。その起源を辿ると，私たちはデューイの民主主義理解と思考のプロセスがどのようにリップマンの共同体と探求との結合を支持しているかが分かります。民主主義的共同体では，ディベートでよく見られるような意志の競争よりも，むしろ開かれた議論の方が合理的です。合理的であるということは，是が非でも議論に勝利を収めるというよりもむしろ，オープンマインドを保ち続け，他者に耳を傾け，他者の見解を理解しようと努め，証拠を吟味し，正当な理由があればいつでも自分の考えを変えるということに関わります。一言で言えば，それは探求する準備をしているということなのです。

　私がこのような意見を述べるのは，『共に考える』を理解するには狭い道と広い道があるからです。狭い意味では，本書は，哲学的対話や探求のツールや手続きを示すことによって，教師に授業でのディスカッションが一層深まる方法を紹介しています。そのようなツールや手順は広く役に立ち，カリキュラムを超えた遂行を強めてくれます。しかしながら，もっと広い意味では，本書は教師に，知的できわめて民主主義的である社会に対応する教室という学習の共同体をどう作るかを示しています。このような学習の共同体の構築は，そこから生まれる社会的成果を確かなものとするために学校と教師がなしうる最大の貢献なのです。私は，『共に考える』が，教師とその教え子たちがこれらの狭

い目的と広い目的を実現する一助となってくれることを望んでいます。

2014年12月　シドニー，オーストラリア

フィリップ・キャム

序

　「うちの学校で考える授業を導入するのは素晴らしいかもしれない，しかし，時間割は一杯なのです」。こういった嘆きはよく耳にしますが，私にはどうしても奇妙に響きます。というのも，考えるということを教えることが，ドラマの授業とか外国語を導入するといった場合と同様に，カリキュラムにつけ加わるものであるかのように思われているからです。しかし，考えるということ——それが何を意味しようと——を子どもたちに教えるということは，カリキュラムに導入できるようなもう一つの教科領域というものではありえません。同僚の先生が，ちょっと考えるということなら水曜日の昼食前に組み入れることができるかもしれないね，などと言ったら，どう対応したらいいのでしょう。その先生は何かシニカルなユーモアを言っているとしか私には思えません。

　このようなことからも分かるように，考えるということは，他のものにつけ加わる特別な教科とか活動とかではなくて，あるトピックや教科にアプローチしたり，ある活動に従事したりする方法に関わっているものです。ですから，それは現存のカリキュラムのすべての領域に当てはまるものなのです。私たちは，子どもたちがすべての学習に生産的で知的な仕方でアプローチすることを望んでいます。私たちは，子どもたちが生産的でもなければ知的でもないような態度を取ることを見たいとは思いません。もっと言えば，私たちは，子どもたちが軽率で分別のない態度を取ることを見たいとは思いません。生産的で知的であるということと思慮があり分別があることとは関連していることなのです。そして，その逆も当てはまるのです。

　このようなことを言うと，私は，考えるということを初等教育の中心に据えるために，まさに哲学の導入を唱えようとしているのだ，しかも哲学を新たに時間割につけ加えようとしているのだ，と思われるかもしれません。これもまた一つの誤解のように見えます。なぜなら，このような理解は，考えるという

ことが授業のある日にそれ自身の時間割を持っていると見なしているからです。このように思われるのも仕方がないと私も認めますが，事態をもっとよく考察してみましょう。

　哲学は二つの重要な点で他の教科とは似ていません。一つは，この事実は私たちの教育システムでは大いに無視されているのですが，哲学的な疑問や問題は他の教科のまさに中心へと私たちを連れて行ってくれるということです。哲学的な疑問や問題によって私たちは他の教科の主題について本当に考えるようになるのです。もう一つの点は，哲学は特によく考えること (good thinking) に関心を抱いているということです。よく考えるためのステップは効果的な知的作業であり，よく考えるためのツールはそのための手段なのです。

　私が『共に考える』ではっきりさせたいと望んでいるのは，哲学はこれら二つの特徴のおかげで，独特の仕方で，子どもたちがもっと効果的に考える人となるのを助けてくれることになるということです。さらに，私が唱えているのは，哲学を一つの教科領域として導入することではなくて，むしろ哲学は，教師が既存の領域ですでに実践していることに対する一つのアプローチなのだということです。哲学的探求は，リテラシープログラム，人格的発展，社会科学，科学，テクノロジー等々に組み込むことができるようなものなのです。

　本書の中心的なテーマは，子どもたちが重要な事柄について共に探求し，推論するように刺激を与えられれば，授業の中で最も効果的に子どもたちのよく考える力を育成できるということなのです。一例を挙げると，私たちが日常生活で行っている思考は，多くの場合，他の人——家族の一員，友人，一緒に仕事をする同僚——と一緒に論理立てて考えるということを伴っています。もう一つ例を挙げると，これは私がこれから説明したいことなのですが，個人の思考習慣が形成されていくのは，主として，社会的実践の内面化によるということなのです。だからこそなおのこと，人格形成期によき社会的実践を身につけることが必要となるのです。

　したがって，私が関心を払う主要な学習経験は教室での議論なのです。そこでは，共に考えるスキルや傾向——質問をしたり，理由を述べたり，論点にこだわったり，公正な気持ちを持ったり，他の可能な見解に耳を傾けたり，意見

の不一致を検討するといった基本的な事柄——に注意が向けられます。また子どもたちの概念把握の進歩や，論点と考えの一層深い理解を促すということに注意が向けられます。私は，こういった類の探索を導く方法に関して，教師にかなりの実践的アドバイスを与え，子どもたちの概念を豊かにし，その理解を深めつつ，考えるスキルや傾向を発展させるために，どのようにそのアドバイスを用いたらよいかを示そうと思っています。

　『共に考える』はもう一つ，物語の使用に焦点を当てています。教師は子どもたちの哲学的な想像力を刺激するための手段を他にもたくさん見つけることはできるでしょうが，子ども向けの文学作品には哲学的なテーマがきわめて豊富です。授業での議論のために適切な物語教材を選ぶことによって，教師は子どもたちに効果的な刺激を与えて，様々な教科領域にまたがる多くの異なった話題に対する哲学的探求へと駆り立てることができます。そして，子どもたちの応答は，概念的な探求や理由づけを引き出すのに使えますし，哲学の中心である意味の探求へと向かわせることもできます。私は本書を通じて物語の使用を検討していくつもりです。そして，特別に二つの章を設けて，物語教材の選択と，物語教材をめぐる議論の進め方について論じるつもりです。

　ここ数年にわたって，私は，嬉しいことに，これらの考えをオーストラリア内外の教師や子どもたちと一緒に考察してきましたし，小学校のためのカリキュラムの教材を考案することで，これらの考えのいくつかの可能性を理解するようになってきています。それでも，私は，本書で推奨されている原理や実践に関して自らの功績を強調することはほとんどできません。これらの功績は他の多くの人のお蔭なのです。マシュー・リップマンとアン・マーガレット・シャープの先駆的な役割には特に感謝しなければいけませんし，また，その数はここで記すにはあまりにも多いのですが，幸運にも私が知り合いになれた人々，彼らのお蔭で真の国際的なコミュニティが形成されたのですが，このような人々にも心に留めるべきでしょう。私はまた，本書の原稿に対して貴重なコメントをしてくれたジェレミー・スティール，ヴィヴィアン・ニコル−ハートンとPETA出版委員会の他のメンバーに感謝を表明したいと思います。

目　　次

共に考える

——小学校の授業のための哲学的探求——

第Ⅰ部
探求への招待

第1章　考えることを学ぶ

　どんなことでも，そのやり方が分かり次第，そのことを考えないで実行することができれば，それは幸運なことです。例えば，歩いたり，話をしたり，自転車に乗ったりする場合のことを考察してみましょう。自分で動きたいと思った時に，どうやって歩こうか考えなければならないとすれば，あるいは，何かを話したいと思った時いつでも，どうやって話すか考えなければならないとすれば，これらのことを実行するやり方をほとんど知っていない，あるいは少なくとも，完全には堪能でない，と言わざるをえないでしょう。自転車に乗る時に，その乗り方について考えなければならないならば，今まさに自転車の乗り方を学んでいるか，あるいはそうでなければ，自転車にどう乗っていいか，ほとんど忘れてしまっているということでしょう。

　小学校の低・中・高学年で教えてもらう技術や，身につける理解は多くの場合，ちょうど，自転車を乗れるようになった人の技術や理解のように，ようやくオートマチックになるか，ほとんどそうなってきている段階と言えるでしょう。そして，多くの点で。実行がオートマチックになればなるほど，子どもの遂行能力も一層よくなります。私たちは，これらの技術や理解を型にはまったもの (routine) と呼ぶことができるかもしれません。子どもたちは，流暢に本を読むことができるようになるにつれ，また正確に字を綴ることができ，簡単に掛け算ができるようになるにつれ，そのような道を進んでいるのです。

　まさにその逆になっているような他の活動もあります。これらの活動は，そ

れらをしようとするとき考える (think) ことができるようになって初めてうまくできるようになるものです。それらの活動は反省的 (reflective) であるような実践です。それほど考えずに，難しい言葉を書くことのできる人は熟達した書き手です。それに対し，自分の行為の結果を考えないで習慣的に行為する人は行為に熟達してはいません。そのような人の行為は，性急で，思慮に欠け，軽率になりがちであり，そういう人は賢明な行為について学ぶべきことがたくさんあります。同様に，一つの可能性以上のことをあまり考えない人，あるいは行為の別の選択肢の価値を比較検討しないでその選択肢を拒否しがちな人，そういう人は，自分が想像力のない，教条的で，融通の利かない人であることを示しています。そして，そういう人は自分に与えられたチャンスをできるだけ活用する方法を学んでこなかったのです。

これら2種類のスキルと実践は教室で育まれるはずです。ペラペラと話すことができるようにはなったものの，その話し方は思慮に欠け，軽率であるような子どもは自分や他の人を傷つける可能性があります。たくさんの事実を記憶したものの，色々な可能性を探求する方法を知らない子どもはそのような知識をあまりうまく役立てることができないでしょう。この章でのメッセージは，この2種類のスキルと実践——型にはまったものと反省的なもの——に注意を払わなければ，私たちは，子どもたちをその考えにおいて真に知的で，その行為において真に合理的であるように教育することはできない，ということです。

反省的な種類の思考は教育の，いわゆる，基礎に不可欠な補完物です。そして本書は子どもがこの思考を深めることができる一つの方法を探求しています。しかしながら，この探求を始める前に，私は私が念頭に置いているこの種の思考についてもう少し述べたいと思います。

型にはまった思考を超えて

「反省的思考」という言葉はジョン・デューイから来ています。デューイの定義によれば，反省的思考とは，

任意の信念あるいは仮説的な形態の知識を，それを支持する根拠に照らして，能動的に，粘り強く，注意深く考察し，しかもそれが導くさらなる結論も同じように考察することである。……反省的思考とは，確固とした基礎を持つ理由に基づいて信念を確立しようとする意識的自主的な努力である。[1]

デューイがここで記述していることは，探求という粘り強い行為のことであり，そこには私たちの思考への指令が存在しており，探求という粘り強い行為はよく考えられた判断へと何らかの仕方で向かっているということです。デューイは続けて，反省的思考は「自然発火」によって生じることはない，と論じています。反省的思考が生じるのは，疑いや難問や困惑を前にして，何らかの解決の必要を感じる時なのです。克服すべき何らかの問題や困難が存在するからこそ，私たちの思考は方向づけられるのです。デューイの考えでは，反省的思考とは，多少とも私たちを動揺させてきた問題を解決するために，私たちが私たちの信念の根拠と帰結とを吟味する過程なのです。

　反省的思考への刺激は，教室の外ではよく知られています。私たちの日常生活の多くの領域で，私たちは問題に出会い，障害にぶつかり，ジレンマに直面します。様々な疑問が私たちを捉え，そして環境や出来事の意味が両義的で不明確な場合もあります。このような状況では，戸惑ったり不確かであったり，さらには困乱し当惑することもまったく当然なことです。ここでこそ反省的思考の開花する可能性が最も高いわけです。私たちは，計画，何らかの説明，ある種の解決を必要とします。そうして，ありそうな理由や可能な原因を探し始めます。私たちは事実を整理し，さらなる証拠や新たな手がかりを探します。私たちは提案を求めて他の人々のもとを訪ねもします。私たちは様々な道筋を持った行為の意味合いを考え始めます。そして，もしも私たちが賢明であるなら，私たちの踏査が完了し，着手の計画を作り上げるまでは，行動を起こさないでしょう。

　もちろん，私たちは子どもを教室で動揺させたり，困惑させたり，まごつかせたりしたくはありません。むしろ，私たちは，謎を呼び起こし，好奇心を刺激し，子どもの驚きのセンスに信頼を寄せたいのです。このことは，デューイ

にとっては決定的に重要なことでありました。というのも，彼は，よく考えることの学習を初等教育の基本的な目的と見なすべきことだと考えていたからです。もしも私たちが，反省的思考は日常的な思考の縦糸を効果的な思考の布地全体へと変容させる横糸であると見なすならば，それは同様に重要なことでしょう。

　反省的思考についてのデューイの考えの影響は，反省的思考というタイトルをつけられた章や標題を持ったテキストがここ何年かの間に多数現れているということに，見て取ることができます[2]。さらに，思考に関する最近の考え方の中にもこの影響を見て取ることができます。例えば，批判的思考（クリティカル・シンキング）の唱道者であるロバート・エニスが提唱したような考え方です。というのも彼は，批判的思考を「何を信じ，何をなすかを決定することに集中している合理的な反省的思考[3]」と定義しているからです。

　反省的思考と批判的思考とをこのように結びつけるとすれば，これらの思考と創造的思考との関係についても何か言及するのが重要となります。エニスは，彼の定義で，批判的思考は創造的思考を排除していないと指摘しています。彼はこう言っています，「仮説を立てること，一つの問題をさらに別な見方で考察すること，疑問を提起すること，可能な解決を見出すこと，そして何かを調査するためのプランを立てること，これらのことはこの定義に当てはまる創造的行為である[4]」。エニスが，創造的思考を排除しなかったということは正しいし，その延長線上で言えば，同じことはデューイにも当てはまるでしょう。しかしながら，両者の場合，その強調は創造的側面よりも批判的側面に置かれていました。確かに，デューイは反省的思考と，似てはいても，本質的に美的，感情的ないし空想的基礎を持つ思考とを区別しています。

　子どもたちが次々と生み出してくる空想的物語は，あらゆる段階の内的適合性を所有している。そこにはちぐはぐなものもあれば，明確に述べられたものもある。それらが関連づけられると，反省的思考を装うこともある。それどころか，それらは通常は論理的能力という知的精神の中に生じるのである。このような空想的企てが，緊密に結びついた形の思考に先行し，そのための

道を準備する場合がよくある。しかし，空想的企ては知識を目指していないし，事実に関する信念や真理への信念を目指してはいない。それゆえ，空想的企ては反省的思考として特徴づけられることはない，たとえそれらが反省的思考とどれほど似ているとしても。空想的思考を表現する人は信用できる証拠を期待していない，むしろうまく構成された構想とかうまくアレンジされた山場を褒めてもらいたいという功績を求めているのである。空想的思考は物語を作るが，――偶然の所産でなければ――知識を作ることはないのである。[5]

　デューイが「事実に関する信念」を目指す思考と物語的完成のようなものを目指す「空想的企て」とを比較する時，創造的思考のかなりの部分を反省的思考から排除しているように見えます。このことによって，彼は，私たちが教室で伸ばしてあげたい型にはまらない思考の多くを取り入れることに失敗しています。彼は，同様に，哲学的思考のかなりな部分を排除しているようにも見えます。こうして，反省的思考に関するデューイの考えは，私たちが望んでいるものを多く捉えてはいるけれども，それは私たちの目的には結果的には狭すぎるのです。

　この点にこそ，哲学者であり教育者であるマシュー・リップマンが救いの手を差し伸べてくれたことなのです。反省的教育に対する関心がデューイの影響を深く受けている思想家の一人として，リップマンは優れた思考は批判的であると同時に創造的でもあって，したがって複合的なのであると主張しています。[6]

　リップマンの主張では，批判的でもあり創造的でもある思考は，単に正当化された信念ないし文字通りの真理を目指すだけでなく，意味を改造し，創造すること目指すこと――可能性を想像し，概念を発展させ，色々な方向に向かってアイデアを拡張すること――をねらっています。優れた思考が（批判的思考あるいは創造的思考の）どちらか一方の目的に一層夢中になることがあるかもしれませんが，それは両思考によって調整されるでしょう。実際，私たちの思考がどれほど批判的になろうとも，批判的思考は常に多少とも創造的であります。それは，すべての創造的思考が少なくとも多少は批判的であるのと同様であり

ます。こうして，実際，型にはまらないすべての思考は，批判的思考と創造的思考の両側面あるいは両特質を所有しており，それをリップマンは高次の思考と呼んでいます。[7]

　リップマンが続けて銘記しているように，優れた思考は，その主題に対して批判的・創造的なアプローチをもたらすだけでなく，それはまたそれ自身の手順にも注意を払うのです。リップマンの言葉を用いれば，優れた思考とは複合的思考であり，そこでは，どの思考が意識的に用いられているかが考えられているのです。物事に取り組む時のそれ自身のやり方，それ自身の方法やアプローチを自覚するという点で，複合的思考はそれ自身の限界や可能性に敏感なのです。それは，調理方法にすっかり没頭しているコックのようなものとは違っています。それは，常に順番を狂わせてカードを切るカード・プレーヤーとも違っています。複合的思考は，事柄そのものに注意を払うと同時に，その事柄を取り扱っている手順にも注意を払っているのです。

　リップマンの主たる関心は，教室の中で批判的，創造的，複合的思考を育む最善の方法にあります。彼の考えでは，私たちの自由になる最も豊かなリソースが哲学なのです。哲学に備わっている力は，他のどんなものよりも，教室での思考を適切に準備するのを助けてくれます。このことは，最初は奇妙な提案に思えるかもしれません。私たちは，哲学というと，小学校の教室よりも大学の講義室を連想する傾向があります。「哲学」という言葉で，本ばかり読んでいる大人のための，ほとんど理解不可能な象牙の塔の学問を連想する人もいるでしょう。しかし，リップマンの書いた子どものための物語を知っている人は，あるいは子どもたちが，国中の至るところの教室で哲学的探求に従事しているのを見たことのある人は，このステレオタイプな大学の哲学と子どものための哲学とを混同することはないでしょう。

　人々はこれらのことをまず自分自身で直接に判断する必要があるとしても，『共に考える』の主たる企ては，どのようにしたらリップマンの提案を具体化することが可能かを吟味することであります。次章で私はこの吟味を，哲学的探求の疑問，ツール，手順を教育的なパースペクティヴから考察することによって，始めるつもりです。しかし，まず，私たちは本書を形成している思考の

もう一つの側面を考察する必要があるでしょう。それは，共に考えることによって考えることを学ぶ大切さであります。

なぜ共に考えることなのか？

ロシアの心理学者レウ・ヴィゴツキーによると，思考と話すことは異なったルーツを持っていますが，両者は幼児期に合流することになります。[8)] 子どもたちは，学校に行く年齢になるよりもかなり以前に，話すことができるようになっています。それは社会的目的ないし伝達の目的で話すというだけでなく，様々な問題を解いたり，自分自身の態度を組織化したりするために自分自身と対話するためでもあるのです。そしてこの自分のための発話——いわゆる自己中心的な発話——は洗練された思考のルーツとなるものなのです。

自己中心的な発話を通して，子どもたちは，以前に他者に話しかけることを学んだと同じ仕方で，自分に話しかけるようになります。そしてこのことは，子どもたちの心理学的な順応における変化を示しています。子どもたちは自分自身の思考に注意し始めます。その結果，子どもたちは自分の思考をコントロールし始めるわけです。そして，子どもたちは自分の行動に一層自主的になっていきます。こうして，子どもたちは衝動的ではなくなり，問題を計画立てることによって克服することができるようになっていきます。

ヴィゴツキーによると，自己中心的な発話は次第に内面へと向かい——それは内面の発話となる——，このようにして社会化された知性が発達することになるのです。

問題解決ツールとしての子どもの言語使用能力における最大の変化は，……社会化された発話（以前は大人に語りかけるために使われていた）が内面へと向きを変える時に生じる。大人に訴える代わりに，子どもは自分自身に訴える。言葉は，こうして，個人間の使用（*interpersonal use*）に加えて，個人内の機能（*intrapersonal function*）を帯びる。子どもたちが，これまでに他者との関係で用いてきた，自分を導くための態度の方法を発展させ，自分自身の行動

を社会的な形態の行動に即して組織化すると，子どもたちは社会的な態度を自分自身に適用することに成功する。社会的発話の内面化の歴史は，また，子どもの実践的知性の社会化の歴史でもある[9]。

ヴィゴツキーの説明によると，社会的なもののこのような編入と変形は，いわゆる高次な認知機能の発展における普遍的な特徴であります。

子どもの文化的な発育におけるすべての機能は2回ある。1回目は社会的レベルで，そして次には，個人のレベルで。最初は人々との間で（間心理学的（心理間的）（*interpsychological*）），次いで子どもの内部で（内心理学的（心理内的）（*intrapsychological*））。このことは等しく自主的な注意，論理的記憶，概念の形成に当てはまる。すべての高次の心理学的機能は人間個人間の実際の関係として生じる[10]。

私たちが，教室における子どもたちの思考能力を発展させるということについて考える時，ヴィゴツキーの指摘を拡張して，批判的思考と創造的思考という基本的な特徴がほぼ同じ仕方で内面化されると主張しても，それはもっともなことでしょう。つまり，批判的で創造的な社会的実践に関わる子どもたちは，それらの実践を内面化するようになるということ，また共に考えることに関わる過程に注意を向けることによって，子どもたちは自分自身で考えるということに関わる過程にも注意を払うようになるだろうということです。

私たちは，私たちの教師や私たちを批評する人の意見を自分のものとして同化することによって自分自身で考えるようになるのかもしれません。哲学者ギルバート・ライルがかつて暗示したように，ロダンの考える人（*Le Penseur*）は考えているのだと想定されるような意味で，私たちが考える時には，「教師が自分の知っていることを，それを知らない児童生徒に教えたいと思う時に，教師が用いるタイプの方法，型にはまったこと，手続き，練習，制限，手口——必ずしも成功するわけではないが——[11]」の効果を自分で試してみることによって，私たちは前に進むのです。私たちは，教師を内面化し，児童生徒であり続

共に考えることを通して，子どもたちは自分たち自身の思考の過程に注意を払うことができるようになるのです。

けながら，事実上，教師の役割を採用し，そして教師の戦略を内面から自分に試してみるわけです。

　これらのテーマはまた哲学者にして心理学者でもあるジョージ・ハーバート・ミードの著作の中にも見られます[12]。ミードによれば，人間は自分自身と語る能力がなければ，決して自覚を発達させてこなかったし，自分自身となることもなかったのです。ヴィゴツキーの考えに一層近いと思わせるのですが，ミードは，自我が発達するのは，私たちが他者と交わる時に取る様々な形態の配慮を内面化することによって，自己は発達すると言っているのです。幼い時から，私たちは自分自身を自分自身の社会的注意の対象とし始めます。私たちは自分自身に励ましや助言やかなり強度な指示すら与えます。私たちは自分自身を賞賛し非難します。私たちは自分自身に罰を課し，報酬を与えます。私たちは，他の人に語るように，自分自身に語りかけ，こうすることによって，私たちは自分自身の自己となるのです。

今一度，教室ということに戻れば，教室で子どもたちがお互いに反省的理性の実践と関わるように持っていければ，私たちは子どもたちの自己発達を育成することができるのです。共に考えるというような社会的実践で身につくような種類の対人的な眼差しは，徐々に，内面に向かって反映されていくでしょう。教室で，この種の対人的な配慮は，反省的で合理的な自己が成長していくための自己‒配慮を育成していくことになるでしょう。

　まとめとして，批判的であると同時に創造的でもあり，複合的でもある思考の発達は，もっと日常的な思考の発達と同様に，小学校教育の目標であるはずです。子どもたちは社会的実践を内面化することによって知的に成長するわけですから，教室の中でよき思考を育てる最善の方法は，共に考えることを社会的にも知的にも実践することによって成し遂げられるはずのものです。もしも小学校でよき思考への特別な関心が生まれるとしたら，また多彩な主題について私たちが考えるようにすることができるとしたら，哲学はこの企てにおいて特別な役割を演じることができるでしょう。哲学をこれらの目的に適合させれば，哲学的探求は教室でよき思考を育成するための非常に効果的な手段となることができるでしょう。

　哲学的探求が教育活動としてどのように機能するかを見るために，私たちは哲学的な問いの本質と，哲学的探求が採用するツールと手続きにはどんな種類のものがあるかを考察する必要があるでしょう。これは，次章で取り扱われることになります。

注

1)　John Dewey, *How We Think* (New York: D. C. Heath, 1933), p. 6.

2)　例えば，以下のものを参照。H. Gordon Hullfish and Philip G. Smith, *Reflective Thinking: The Method of Education* (New York: Dodd, Mead & Company, 1967). L. Susan Stebbing, *A Modern Introduction to Logic* (London: Methuen, 1931), Chapter 1, 'Reflective Thinking in Ordinary Life'. また，以下で引用されるM. Lipman, *Thinking in Education*〔M. リップマン『探求の共同体　考えるための教室』河野哲也・土屋陽介・村瀬智之監訳，玉川大学出版部，

2014年〕の章を参照。

3) Robert H. Ennis, 'A Taxonomy of Critical Thinking Dispositions and Abilities' in Joan Boykoff Baron & Robert J. Sternberg (eds), *Teaching Thinking Skills: Theory and Practice* (New York: W. H. Freeman, 1987), p. 10. エニスは，彼の批判的思考の定義に含意されているスキルや能力を基にして批判的思考のカリキュラムのための目標を立案し，その詳細なリストを展開しています。ここでは，エニスのリストを，デューイから引き出すことができるであろうリストと比較する場所ではありませんが，デューイの観点からすれば，エニスの定義は多少冗長であるということは，指摘していいと思います。デューイにとって，反省的思考とは，まさに，何を行い，何を信じるかに焦点を当てた合理的思考なのです。したがって，詳細な点は別にして，エニスが理解しているような批判的思考は，デューイの反省的思考なのです。

4) Ibid.

5) *How We Think*, pp. 3-4.

6) Mathew Lipman, *Thinking in Education* (New York: Cambridge University Press, 1991), Chapter 1, 'The reflective model of educational practice' 参照。〔同上邦訳，第1章「教育実践の反省的様式」〕

7) このことは同時に，批判的思考に集中することは創造的思考を排除しない，というエニスの主張を裏づけています。一方でエニスは，彼が育成しようと欲しているような思考は，意味の星よりも真理の星によって導かれていると明言してはいますが。エニスが不満を表明しているように，高次の思考という考えは多少曖昧に見えるかもしれません。しかし，この考えによって私たちは，批判的思考の過度な強調がなぜ思考の領域の一端しか示せないのかということを見て取ることができるのです。

8) Lev S. Vygotsky, *Thought and Language* (Cambridge, Mass: MIT Press, 1962), 特に第4章, 'The genetic roots of thought and speech' を参照。〔L. S. ヴィゴツキー『思考と言語』柴田義松訳，新読書社，2001年〕

9) Lev S. Vygotsky, *Mind in Society: The Development of Higher Psychological Process*, edited by Michael Cole, Vera John-Steiner, Sylvia Scriber and Ellen Souberman (Cambridge, Mas: Harvard University Press, 1978), p. 27.

10) Ibid., p. 57.

11) Gilbert Ryle, 'Thinking and self-teaching,' *Rice University Studies*, Vol. 58, No. 3 (1972). Mathew Lipman, *Thinking Children and Education* (Dubuque, Iowa: Kendall/Hunt, 1993) に再録されている。

12) George Herbert Mead, *Mind, Self and Society* (Chicago: University of Chi-

cago Press, 1934). 〔G. H. ミード『精神・自我・社会』稲葉三千男・滝沢正樹・中野収訳／解説，青木書店，1973年〕また，A. Reck（ed.), *Selected Writings of George Herbert Mead*（Chicago: University of Chicago Press, 1964）and Bernard N. Melzer, 'Mead's Social Psychology' in John Pickering and Martin Skinner（eds.), *From Sentience to Symbols: Reading in Consciousness*（Harvester Wheatsheaf, 1990).

第2章　教育的活動としての哲学的探求

　従来，哲学は子どもたちにふさわしい教科だとは考えられていませんでした。しかしマシュー・リップマンは，哲学が子どもたちの適性や関心に合わせて再構成されてさえいれば，子どもたちは真の哲学的探求に取り組むことができると論じています[1]。リップマンは，これまで25年の長きにわたって，哲学の歴史から採取した豊富なテーマを参照しながら，様々な子ども向けの物語を書いてきました[2]。リップマンの小説の中では，子どもたちが自分の経験の意味を理解しようとしたり，日常生活の中でぶつかる問題に対処しようとしたりする際に，自ら哲学を経験していく様子を見ることができます。物語の中に組み込まれた哲学的探求のツールや手順を学ぶことで，子どもたちが共に考えている様子が見られるのです。言い換えますと，哲学者たちが議論してきた問題や論点が子どもたちの手に委ねられていくのを，見ることができるわけです。子どもたちはまるでアヒルが水辺に寄って来るように哲学へと近づいていきます。

　このような物語だけでなく，リップマンは同僚と一緒に教師をサポートする多くの教材を作ってきましたが，それらの物語や教材は，子どもの哲学とはどのようなものか，どうすればこれを教室で実践することができるのか，さらには，様々な学習領域に見られる哲学的な内容を，どうすれば生彩あるものとすることができるのかというモデルを提示してくれています。とはいえ，リップマンの理念や教材が世界中の学校に導入されることを助けたのは，そのような哲学的な内容であるというよりはむしろ，哲学が持っている思考や高度な学習

との結びつきであるように，私には思われます。何にも増して教育者が心を動かされたのは，彼らが次のようなことを発見したからなのです。つまり，彼らは，哲学の広範にわたる内容とその方法の本質からして，学校のカリキュラムの多くの領域において思考を促進するために哲学が選ばれるのは当然であり，子どもたちが学びのプロセスに一層効果的に参加していくようになるには，哲学が大変貴重な手段となる，ということを発見したのです。

なぜ哲学がこのように豊かな見返りを提供してくれるのかを明らかにするためには，哲学の問いや，哲学のツールと手順などの本質について，多少なりとも知っておかなければいけません。そこで，ここではこれらのことについて，手短に説明しておきたいと思います。これを読んでいただければ，どのようにして哲学的探求を教室に取り入れることができるのかを，一層容易に理解していただくことができるでしょう。後の各章においては，これらの簡潔な説明についてかなり詳細に論じたいと思っています。

哲学的な問い

大抵は無視されていたり，認められていなかったりすることなのですが，哲学的な問いというのはカリキュラムのあらゆる領域に関係しているものです。この事実を反映しているのが，科学哲学，美学，社会哲学と政治哲学，哲学と文学，心の哲学，生物学の哲学，法哲学などのように，学問としての哲学に含まれている専門分野の幅広さです。哲学的な問いの多くはまた広い射程を持っているものですが，ここには種々の専門分野の関心が反映されています。学校教育の文脈の中で，哲学的な内容が様々な専門分野の基礎をなしているということや，多くの哲学的問いが広範囲にわたるものであるということを理解してもらうには，これらの哲学的な問いのサンプルを取り出した上で，それらの問いと関わりのある学習分野を列挙してみるとよいでしょう。例えば，次ページの表のようにリストを作ってみることができます。

このように広く領域横断的な問いは，かつて教室を支配していた問いとは好対照をなしています。既成事実に関する知識を示し，規則を計算に応用し，綴

哲学的問い	学習分野
●人間とは何か？	道徳，社会，国語（文学）
●規則とは何か？	社会，算数，国語，音楽，道徳，体育
●美とは何か？	美術，音楽，国語，理科・環境教育，算数
●芸術とは何か？	美術，音楽，国語
●意味とは何か？	国語，音楽，美術，算数
●あらゆることには原因があるのか？	理科，社会
●私たちは自然に対して責任を負うのか？	理科・環境教育，社会
●どうして誤った行為をするのか？	社会，道徳，国語
●説明するとはどういうことか？	理科，社会，算数
●知識とは何か？　知識はどのようにして獲得できるのか？	すべてのカリキュラム領域

（以上の学習分野は日本の小学校の教科名に対応させた）

りを書くように子どもたちに求めるような発問とは対照的に，哲学的な問いは本質からして議論を引き起こすような性格を持っています。哲学的な問いは正しい答えを求めるものではありません。哲学的な問いはさらなる探求を要求するものであり，また，子どもたちの様々な答えにもそれなりの長所がある場合には，その答えを容認するものです。哲学的な問いは，計算によっても，書物を調べることによっても，教師が話したことを覚えていることによっても，解けないような問題を提示します。哲学的な問いは子どもたちに，自ら思考することを要求するのです。

　もちろん型通りの発問にも教室においては重要な役割があります。しかし幸いなことに，この数年の間に，反省へと誘うような一層オープンエンドな問いを用いることの重要性もまた，理解されるようになってきました。私がここで主張したいのは，哲学的な問いは後者のような種類の問いのモデルであるということなのです。

　哲学の問いの本質を考慮するなら，哲学は，一般に考えられているように，

孤立した難解な分野としてではなく，他の諸分野を関連づけ，その理解をサポートするような分野として，受け取るべきなのです。哲学とはニューヨーク市にあるグランドセントラル駅のようなものなのだと考えてみてもよいかもしれません。哲学という駅から他の専門分野に向かって枝分かれした線路が出ており，この駅を通過点として行ったり来たり色々な方向へ旅をすることができるのです。別な喩えを用いるとすれば，哲学を初等教育への風変わりなつけ足しのように見なすのではなく，教育という車輪のハブであると考えてみるのがよいかもしれません。

哲学のツールと手順

外科医が手術を行う時には，信頼に足るものとして知られている手順を踏むために，ふさわしい道具を選んで用います。これとの類比で言えば，哲学者が問題に取り組む時にも，やはりふさわしい知の道具を求め，信頼に足る手順を当てにするものなのです。哲学者のツールや手順というのは，思考を助けるもの・導くもののことですから，哲学はいつも思考のプロセスに目を向けていることになります。最近流行の術語を用いるなら，哲学というのは高度にメタ認知的な専門分野だと言えるでしょう。哲学は哲学的な話題について考えているばかりではなく，この考えることそのものに関する省察にも力を入れて取り組んでいるのです。哲学が教育にとって大変価値のある手段であるというのにはこうした理由もあるのです。初等教育とはよく考えることを実践するための基礎作りであるとすれば，哲学は，まさによく考えることを務めとしているわけですから，力強いサポートを提供することができるでしょう。

子どもたちは，哲学者の道具箱にある多くの道具を使うことを習得することができます。哲学者の道具箱には以下のような課題に取り組むためのツールが含まれています。

- 概念同士の境界線を探索すること
- 基準を発見すること

- 概念同士の関係を明らかにすること
- 用語を定義すること
- 対象を分類すること
- 論理的関係を特定すること
- 演繹的推論を行うこと
- 条件文を分析すること
- 類推を組み立てること

このようなツールを教室に取り入れ，子どもたちに使い方を教えることによって，概念の豊かな発達やしっかりとした推論を促進するような，知の習慣を養うのを助けることになるでしょう。さらには，子どもたちが自分自身の知的発達に一層真剣に取り組むことができるようにさせ，一層自分自身で考えることができるようにする習慣を育むことにもなるでしょう。第6章，第7章では，こうした目的のために使えるいくつかのツールを考察してみたいと思います。

　特定の道具とは別に，知的探求のための一般的な手順があります。これも教室に取り入れることができます。確かに哲学というのはかなり専門的な学術分野であると言えますが，基本となっている手順は，初等教育の教室であれ，大学の個別指導の場面であれ，日常生活であれ，どこにでも見られるような，反省的思考と大きくは違いません。哲学の手順は以下のことを含んでいます。

- 適切な問いを立てること
- 効果的な区別を行うこと
- 妥当な推論を行うこと
- 疑問の余地のある前提を検証すること
- 重要な結論を追い求めること
- 可能性を探索すること
- 一層優れた代案を探すこと
- 理由を与えること・探すこと
- 考え抜かれた判断を下すこと

哲学を教室に持ち込む時には，こうした基本的な手順に特別な注意が払われます。この基本的な手順について省察してみれば，どのような専門分野であってもこれらの手順が優れた実践をサポートしてくれるということや，これらの手順を用いることを習慣とする人は何をするにも知的なアプローチを行うだろうということも，お分かりいただけるかと思います。

探求の共同体

哲学が提供するはずの可能性を実現するためには，哲学的探求に適した枠組みが求められます。私たちが今模範としている学習モデルでは，私たちは社会的実践から個人的実践へ，外的行為から内的行為へと移行するということになります。このため順序としては，子どもたちは探求を，まずは社会的実践として学び，後にこれを内面化するということになるでしょう。言い換えるなら，子どもたちは，まずは共に探求することを学ぶのです。このモデルに従うと，もしも子どもたちに自分自身と対話するようにさせたいのなら，まずは子どもたちはお互いに対話し合うことを学ばなければならない，ということになります。もしも子どもたちが自分自身を説得しなければならないとすれば，まずはお互いに説得し合うことを学ばなければなりません。もしも子どもたちが，他の子の視点からは物事がどのように見えるのかを考えなければならないとすれば，まずは他の子に尋ねることを学ばなければなりません。要するに，もしも子どもたちに自分自身で思考する方法を学んで欲しいと願うのであれば，まずは協力し合って共に思考することに取り組ませるべきだということになります。

こうしたことを考えれば，私たちは哲学の基本的な手順を知的交流における最初の重要なプロセスと見なしたのですから，この手順を取り扱わなければならないでしょう。そして疑いもなく，教室におけるディスカッションこそ，このような知的交流の場なのです。まさにディスカッションにおいて，子どもたちは，お互いに問いを投げかけあったり，理由を話したり，お互いの視点に耳を傾けたりと，ここに列挙することになるすべての手順を行うことになります。これが協働活動であることは明らかです。この活動においてクラスは協力し合

教師の役割は複雑であり変化してゆくものです。この写真の教師は，クラス討議に取り組んでいる子どもたちの話を注意深く聞いています。

って探求を行う人々の共同体となります。リップマンはこれを探求の共同体と呼んでいます。この探求は哲学的なものですから，私たちはこれを，哲学的な探求の共同体と呼んでもよいでしょう。

　探求の共同体における教師の役割は，複雑な上に変化もしていきます。教師はある時には案内役になり，またある時には指揮者になり，また別の場合にはおそらく単なる参加者にもなります。なるほど確かに，教師は探求の途上において子どもたちを案内してやらなければなりません。子どもたちがどのように探求を進めればよいのかを学ばなければならない場合には，教師は教えてあげる必要もあります。とはいえ，教師があまりに探求を支配するか先導するかして，子どもたちが主役になることを妨げてしまってはなりません。いつどのようにして「手綱を渡す」のか，またいつどのようにしてこれを取り戻すのかを知っていることは，探求の道に精通していることと同じように重要なのです。このためにはかなりの教育的技量が要求されます。ですから，最初はちょっと

ばかり居心地が悪いと感じたとしても，心配はいりません。あなたと児童生徒たちが一度コツを飲み込めば，技量はどんどん向上するでしょう。さらに，たとえあなたがた全員が望んだほどうまい具合には進行しなかったとしても，哲学的ディスカッションは最も楽しく最も実りの多い活動になりうるのです。探求の共同体を形成する時の実際上の問題に関しては，第4章で詳しく論じたいと思います。ディスカッションの進め方に関する詳細なアドバイスもそこに記しておきます。

教　　材

　ディスカッションされている問題や論点が，子どもたちの関心を惹くものでなかったり，想像力をかき立てるものでなかったり，あるいはせめて心を動かすものでなければ，子どもたちは真の哲学的探求には取り組まないでしょう。したがって，哲学的関心を呼び起こすものでなければ，教材は役に立たないでしょう。単に哲学の本質について書いただけのテキストや，哲学の理念を説明しただけのテキストは，まったく用をなさないと言えます。何より，こうしたテキストは，哲学とは学ぶものであって実践するものではないのだというメッセージを，子どもたちに向けて発するでしょう。これとは反対に，物語はとても力強い刺激になります。物語は子どもたちの感情，態度，価値観などと絡み合い，子どもたちの想像力に訴えかけます。この目的のために書かれたストーリーであるか否かにかかわらず，慎重に選ばれた子ども向けの文学，映画，ドラマ，物語は，子どもたちの興味を惹きつけ，子どもたちを夢中にさせるでしょう。これこそ，子どもたちが思考に取りかかるために必要なものなのです。
　用いられる教材はどれも，子どもたちを探求へと誘うような，哲学的な奥深さを備えたもので，なおかつ身近な事柄を扱ったものでなければなりません。こうした目的のために書かれた教材は，これらの条件に適うように特別にデザインされているわけですから，もちろんこの要求を満たすでしょう。様々な児童文学や他の刺激を与える教材も使えます。ただ何を用いればよいのかは教師が判断しなければなりません。第3章を読んでいただければ分かりますが，教

材を選ぶのは最初に感じるほど難しい仕事ではありません。第3章では読み物を選ぶ時に心に留めておくべき事柄を見ていきます。

　最後になりますが，あなたと子どもたちが哲学的探求を始めてみると，ディスカッションの計画を立てておくことが役に立つと分かるでしょう。ディスカッションの計画は，概念，問題，論点を探求する一連の問いを使ってディスカッションを形作っていくのに役立ちます。ディスカッションではこのようなことが要求されるのです。さらに，探求の幅を広げたりディスカッションを補ったりすることができるような，多種多様な練習があります。ここでも既存の教材は，レディーメイドの練習やディスカッションの計画を提供してくれるという点で，利点を持っています。とはいえ，こうした既存の教材を利用し，脚色するにしても，あるいは自作教材を準備するにしても，こういった教材がどのような働きを持つのかを理解しておくことが重要です。これについては第5章で言及します。第5章では，ディスカッションの計画を立てるための基本原理を取り扱うほか，これらの補助策に慣れ親しんでもらうために，いくつかの模擬エクササイズを体験してもらいます。

注

1)　Matthew Lipman, Ann Margaret Sharp & Frederik S. Oscanyan, *Philosophy in the Classroom*, 2nd ed. (Philadelphia: Temple University Press, 1980)〔M. リップマンほか『子どものための哲学授業』河野哲也・清水将吾監訳，河出書房新社，2015年〕; Matthew Lipman, *Philosophy Goes to School* (Philadelphia: Temple University Press, 1988); Matthew Lipman, *Thinking in Education* (New York: Cambridge University Press, 1991) を参照。

2)　リップマンによる子どものための物語は，文献一覧の「子どもの本と教材」の項で紹介しています。

第II部
教師の仕事

第3章　物語教材を選ぶ

　教室における探求のための教材を選ぶ際には，言うまでもなく，守らなければならない基準があります。ここではその基準についてある程度論じ，それから，一つの物語を一緒に読んでいくことで，物語の哲学的内容を見つけるために見極めるべき事柄を提示したいと思います。とはいえ，ここで論及されるすべての基準に適うような物語を，児童文学の中にたくさん見つけることはできそうにありません。その代わりに，これから記述されるような主要な特徴を備えた物語を探してもらうことになるでしょう。またこれとは別に，何らかの特徴の有無によって，教材が適切かどうか判断するための訓練もやはり要求されるでしょう。また後で詳しく説明しますが，この章の最後に紹介する物語は，教室における探求を進めるために大いに役立つように作られたものであるとしても，これが理想というわけではありません。

哲学的なテーマ

　物語の中で最初に調べなければならないのは，何か哲学的な要素がそこに含まれているかどうかということです。いくつか使えそうな物語を例として手短に紹介してみましょう。なお，たとえ哲学の専門教育を受けていなくとも，十分な情報を手に入れた上で判断を下すことができるという点は，あらかじめ保証しておきたいと思います。要は，こう自問自答するだけでいいのです——こ

の物語は，何か一般的な問い，論点，問題を提起しているかいないか——あるいは欲を言えば，これらを探求しているかいないか——と。これらの問い，論点，問題は単なる観察や計算，あるいは既成事実を参照するだけでは解決できそうには見えないものなのです。もしもその物語が何らかの論点を探求したり，何らかの問いを触発したりするようなものであれば，その問いや論点はほぼ確実に哲学的なものなのです。

　哲学の大きな特徴は，たまたま与えられた話題がどのようなものであれ，これに対して示される関心にあります。哲学的傾向を持った物語もまた同種の関心を示すものです。例えば，子ども向けの物語は一般に，友情に関わる問題や論点を含んでいます。ただ，この話題はいつも哲学的好奇心を引き起こすような仕方で扱われているとは限りませんが。もしある物語が友情の本質を——友だちであるとはどういうことかを——探求していたり，友情と他の人間関係との区別に関する問いを提起したりしているなら，この取り扱い方はある程度まで哲学的であるに違いありません。例えば，ケリー・アージェント（Kerry Argent）が書いた『ともだち』というとてもシンプルな物語があります。この物語には，もじゃもじゃウォンバットと彼の友だちのバンディクートが登場します[1]。ストーリーを追っていくと，彼らは一緒に暮らしており，食べるのも一緒なら，楽しみも一緒だということが分かります。時々喧嘩もしますが，必ず仲直りをするのです。この物語を題材として，友だちというのは誰でもこんなふうにしているものなのか，また友だちでなければこんなことはしないのか，子どもたちに尋ねてみるのもよいかもしれません。さらには，他にどんなことが友情を育むのに役立つか，ディスカッションすることもできるかもしれません。「友だちとは何か？」とか「友情は他の人間関係とどう違うのか？」といった問いは，もしこれらが反省的考察のために提起されたものであれば，私が言及したような特徴を持っていると言えます。これらの問いは一般的な開かれたものであり，辞書や自明な既成の事実に助けを求めても解決できません。このような問いを投げかけた人も，「友だち」という単語を定義するぐらいのことなら，他の皆と同じように，きっとできるでしょう。問いを投げかけた人が求めているのは，もっと深い理解であり，経験に関する一層注意深い表現なの

です。要するにこのような問いは，哲学と文学の両方に共有されているような，探求の方向を教えてくれるものなのです。

　ある物語がこのような一般的な開かれた問いを誘発するために用いることができるとすれば，この物語は教室で探求するための必要な哲学的内容を持っていると言えるでしょう。こうした物語の構成要素を素描することで，重要な点を強調したいと思います。各々の物語は，一般性を増大させ，私たちをストーリーから何らかの哲学的話題へと導くような，三つか四つの問いを含んでいます。そして個々の話題は哲学の歴史の中で議論されてきたものばかりなのです。[2]

トンデレラ姫物語　トンデレラ姫は王子をカエルに変えてしまいます。これは従来のお伽噺の姫の役割を転倒したものとなっています。

- トンデレラ姫が他の多くのお伽噺の姫と異なる点はどこでしょうか？
- 姫が彼女に期待されている通りの振る舞いをしなかった場合，何か間違ったことをしたことになるのでしょうか？
- 私たちはどの程度まで期待されている通りに振る舞うべきでしょうか？

はらぺこあおむし　ある晴れた日曜の朝，小さな白い卵から，お腹を空かせた青虫が生まれ，1週間かけて色々なものを食べていきます。行く手にある食べものをすべてたいらげて，大きく立派に育った青虫は，繭を作り始めます。2週間後，青虫は美しい蝶になって現れます。

- 青虫と蝶は同じ生きものだと言えるでしょうか？
- あなたが大人になったとしても，今のあなたと同一人物だと言えるでしょうか？
- 今のあなたと大人になったあなたが，同一人物であると言えるのはどうしてでしょうか？　あるいは，別人であるとすればなぜでしょうか。

不思議なまくらぎ　ミリー・マック夫人が古い線路のまくらぎを暖炉に投げ入れると，いつも機関車が汽笛を鳴らして煙突を降りてきて，家を通り抜け，夜の闇へと消えて行きます。

- どうして機関車はミリー・マック夫人の家に来るのでしょう？
- 普段，あるものがどのような結果を引き起こすかを，あらかじめ知っておくことはできるでしょうか？
- あるものが引き起こす結果が，実際あるはずの結果と全然違っていたりする，ということがありうるでしょうか？

まほうのプディング　サム・ソーノフとアルバート・バーナックルは，バニップ・ブルーガムを，どれだけ食べられても元通りになる魔法のプディングに紹介します。
- プディングの一部が食べられてしまったのに，どのようにして元通りになったのか，想像することができますか？
- 次の二つのうち両方とも想像できますか，できませんか？　または片方を想像できますか？
  (1)　プディングは少し食べられたのに，やっぱり元通りだった。
  (2)　プディングは少し食べられたのに，まったく食べられてはいない。
- 想像することもできないほどありえないことが何かあるでしょうか？

アルド　独りぼっちの少女には，たった一人，アルドという名のとても特別な友だちがいます。アルドは，少女が怯えている時，寂しい時，悲しい時に，助けてくれ慰めてくれる秘密の友だちです。時々少女はアルドのことをすっかり忘れてしまうことがあります。しかし，何か困ったことが起きた時には，アルドはいつもそばにいてくれることを，彼女は知っています。
- アルドを特別な存在にしているものは何でしょうか？
- ある人を特別な友だちにするものは何でしょうか？
- 想像上の友だちを持っていたことがありますか？
- 空想の友だちは本当に友だちだと言えるでしょうか？

どこにも見つからない　トムは，市場でお母さんと買いものをしている時に，カッとなって我を忘れ，迷子になってしまいます。帰り道を探していたトムは，

編みものをしているけれど糸を見失ってばかりいる女性や，もの思いにふけっている男性，お金を失くしてしまった男性に出会います。さらにトムは声を失くしてしまったオウムや，船酔いをしてしまう船長，臭いが分からなくなってしまった魚屋を見つけます。最後にトムは年老いた兵士に会います。兵士はトムにトムの居場所はどこにも見つからないと教えます。けれども，すべてが失われてしまったわけではありません。兵士はトムに市場に戻るための道の見つけ方を示してくれます。

- ストーリーの中で失われたものは何でしょうか？
- 様々な「なくす」ということの違いを説明できますか？
- 次の文章に出てくるnowhereの違いを説明できますか？
  - (1) トムの母親はどこにも (*nowhere*) 見つからなかった。
  - (2) オーストラリアはメキシコの近くのどこにも (*nowhere*) ない。
  - (3) 私は10分間このパズルを解こうとしてみたけれど，全然うまくいかなかった (I've got *nowhere*)。
  - (4) ビクターは水泳大会のためにトレーニングをしている。前回はひどく負かされた (he came *nowhere*) からだ。

　哲学が遊び心豊かなものであり，いたずらっぽいものでさえあり，したがって，大変楽しいものでもありうるという事実を，認識しておくことは重要です。この事実を最も分かりやすく示しているのは，子どもたちが概念遊びやパラドックスを好んでいるということです。概念遊びやパラドックスは多くの子ども向けの物語に生命を吹き込んでいます。キャットインザハットはバスタブに大きなピンクのらせん状のシミを残してしまい掃除しなければならなくなりました[3]。そこで，彼はそのシミをバスタブからブラウスへと移し，ブラウスから他のものへと移していき，こうして家中のものに次々とこのシミをうまく移していくのでした。しかし，それだけでシミそのものは無くならなかったので，子どもたちは熱狂します。キャットインザハットは音を上げるどころか，だんだん小さくなっていく何匹もの猫に助けを求めます。どの猫も同じような仕方で前の猫から飛び出してきます。つまり，キャットインザハットの帽子の中か

らチビネコＡが——言うまでもなく頭に帽子をかぶっています——，チビネコＡの帽子の中からチビネコＢが，チビネコＢの帽子の中からチビネコＣが出てきます。チビネコたちは一緒になって掃除に取り組みますが，あんまり無茶苦茶にしてしまうものですから，チビネコＣがチビネコＤを呼ぶハメになり，さらにチビネコＤの帽子の中からチビネコＥが現れ……といった具合に，Ｖ，Ｗ，Ｘ，Ｙ，Ｚと続いて行きます。この不思議な入れ子状態のネコの一団は，今ではシミを家の外にまで巻き散らかして，外の景色全体をピンクに染めてしまいます。これをキレイにすることなどできるのでしょうか？　ところで，チビネコＺは頭の上に何を載せていたのでしょうか。ぐるんぐるん（VOOM）です！　これこそこの喧騒から抜け出すための方法なのです。これはまた，ピンクのシミに染められた世界の景観と同じように，見かけだけは凄い，どこまでも小さくなっていく入れ子状態から抜け出すための方法でもあります。

　次に別な例を引きましょう。今度は，概念遊びとパラドックスの由緒正しき愛好家，ルイス・キャロルの作品からです。

　「ブタ（pig）って言ったのかい？　イチジク（fig）って言ったのかい？」猫は言いました。

　「ブタ（pig）って言ったのよ」アリスは答えました。「あと，突然出てきたり消えたりしないでくれるといいんだけど。ひどく目まいがしちゃうわ」。

　「いいとも」猫は言いました。そして今度はゆっくりゆっくり消えて行きました。しっぽの先から始まって最後はニヤニヤ笑いまで。ほかの箇所がぜんぶ消えてしまった後も，ニヤニヤ笑いだけはしばらく残っていました。

　「まあ！　ニヤニヤ笑いをしていない猫はよく見かけるけれど」アリスは思いました。「猫のないニヤニヤ笑いだなんて！　これまでに見た中でも一番変テコだわ！[4]」。

まったくです！　まったく，どうしたらニヤニヤ笑いがあって，ニヤニヤ笑いのほかには何もないなんてことが，ありうるのでしょうか。これではまるで，手を使わずに手を振っているとか，あるいは，考えている人がいないのに考え

だけがあるとか言うようなものです！ このような言葉遊びは私たちを楽しま
せてくれます。詩情に乏しい世界の限界を喜んで無視しているからです。こう
いう言葉遊びは，私たちの概念の持っている分かったような分からないような
色々な可能性を明瞭に表現するのを助けてくれる，謎を提供してくれるのです。
これらは，ちょうど本のページの上に置かれた金塊のように，子どもの哲学的
注意を引きつけようと待ち構えているのです。

探求へと開かれていること

日々の暮らしを，心を開いて柔軟な態度で見つめる物語，子どもたちを謎，
問い，仮説，探索へと誘うような物語を日頃から探すようにしていなければな
りません。こうして選んだ本の著者自身が，問うことを好み，好奇心旺盛で，
思慮深く，探索好きである場合には，子どもたちの内にも同じ資質を目覚めさ
せてくれる可能性があります。

探求が何らかの仕方で物語の中に表現されていることがよくあります。探検
や謎解きの中に，また登場人物が解決に取り組む問題や困難の中にと様々です。
話の筋が探求によって駆り立てられていない場合でも，対話や筋を追って，テ
キストの中に探求のモデルを示しているような兆候がないか探してみましょう。
登場人物について次のようなことを自問してみるとよいでしょう。

- 好奇心を示しているか
- 困惑した様子を見せているか
- 問いかけをしているか
- 説明を求めているか

- 理由を説明しているか
- 代案を考えているか
- 証拠を探しているか
- 自己を正そうとしているか

だからといって，登場人物が素晴らしい探求者である必要はありませんし，
ましてや有能な探求者である必要もありません。クマのプーと彼の友だちが
（「迷子」の）〔（who is 'lost'）〕チビを探しに出かけたなら，もの忘れや判断不足
によって愉快な災難に陥るのは間違いありません。[5] プーはチビがどんな外見な

のか尋ねるのを忘れてしまいます。このため彼は計画を立てて，まずは特にどことは語られていない**特別な場所**で（チビのことを知っているであろう）コブタのピグレットを探すことにします。しかし，運のよいことにプーは，偶然ピグレットに出会うことができたので，もう計画通りにしなくてもよくなります。というのも，自分の足元によく注意していなかったので，プーはまもなく穴にハマり，ピグレットの頭の上に落ちてしまうからです。ピグレットが助けを求めてキイキイ泣く声を，プーは自分のものだと思い込みます。自分でもコントロールできない程のキイキイ声は，彼が**とんでもない事故**に見舞われた証拠だというのです。もちろん，これは以前にプーとピグレットがヘファランプを捕まえようとして掘った落とし穴であることが読者には明らかになります。ところがプーは，これはヘファランプがプーたちを捕まえるために掘った落とし穴に違いないと思い込んでしまいます。このため，ヘファランプに対処するための奇妙な会話が始まります。プーはとても信じられないような行動計画を立てます。ピグレットはちょっとばかり自分をごまかしながら，頭の中で他愛もない改善策を練ります。不運なことに，ピグレットのこの計画は即座に試されることになります。というのも，クリストファー・ロビンが偶然穴の上に現れて，ヘルファンプスと間違えられてしまうからです。ところでチビの捜索はどうなったのでしょうか？　チビの捜索は放棄されたというよりもむしろ頭の中からすっかり消えていたのです（これは誰にでも起こることです，特に子どもたちにとっては）。幸いなことに，と言っていいと思いますが，チビはプーの背中にいたのです。何もかもがうまくいくわけです。ただ，誰もロバのイーヨーに捜索を止めるように伝えなかったために，彼がさらに2日の間，森で捜索を続けることになってしまったということは別ですが。以上の話はA. A. ミルンの古典『プー横丁にたった家』から引いたものですが，この話は，子どもたちがただただ事態が悪くなっていくために思考せざるをえなくなるという，探求の素晴らしい例だと言えます。

　イソップ寓話の昔から，道徳に関わる問題は児童文学の中に一定の場所を占めてきました。モラル・ディレンマによって課せられた選択というのも一つの筋であり，善と悪の戦いもまた一つの筋であり，さらには，勇気を身につけた

り自尊心を得たりといった道徳性の発達も一つの筋となっています。倫理学は哲学の重要な分野であり，間違いなく教室における探求に組み込まれるべきものですが，とりわけ道徳面に光を当てた教材を選ぶ際には配慮が求められます。というのも，この種の著作は往々にして指導することを意図して書かれているものだからです。

　倫理学的探求は道徳の指導とはまったく異なります。教室における倫理学的探求は，子どもたちが倫理的事柄について考え，人生の倫理的次元に関してさらに思慮深くなることを，助けようとするものです。特定の道徳的価値や教訓を与えることには関わりません。子どもたちに，これは正しい，これは間違い，と教える代わりに，倫理学的探求においては，何が行為を正しいものにしたり間違ったものにしたりするのかということについて，様々なアイデアを考察するということになります。例えば，行為を正しいものにしたり間違ったものにしたりするのは，行為の帰結なのか，社会の承認なのか，あるいはある道徳律の体系との関係なのか，ということを考察するわけです。子どもたちに既存の道徳的結論を強制するのではなく，様々な態度や価値について何が言えるのかに，目を向けるわけです。物語が「道徳とは何か？」のような問いを誘発したり，子どもたちに道徳に関わるゴマカシを与えたりするものであれば，用心した方がいいでしょう。様々な観点を提供し探索しているような教材，また子どもたちが自分自身の結論に辿り着けるようにしてくれる教材を探して下さい。道徳の領域においては，他の領域と同様に，使用される教材は，探求の精神をサポートするものでなければならない，ということです。トニー・ロスの『キツネの寓話』にはイソップ寓話の巧みな改訂版が見られますが，これは道徳的命令のないイソップ寓話となっていて，参考になります。また，ロアルド・ダールの『へそまがり昔ばなし』はいくつかの伝統的な童話を語り直したものですが，これは元々の道徳的趣旨を完全に転覆したものです。これも参考になります。[6]

　哲学的内容と探求へと開かれてあることに加えて，対話を多く含んでいる物語を探して下さい。子どもたちが十分な年齢に達している場合は，子どもたち

に一続きの対話を読んだり演じたりさせることを考慮してみて下さい。対話は，各々の違いを探索したり，お互いに説得し合ったり，アイデアを交換したり，お互いの考えに基づいて論を立てたり，他にも子どもたちに議論の中でして欲しいと思うことすべてを，見せてくれます。もしも対話が探求的であれば，また熟考を含んでいれば，そして共に考えている人々を提示していれば，子どもたちが同じことをするための刺激になります。もちろん，対話の大部分が子どもたちによって行われていたなら，なおよいでしょう。

　もし子ども向けの絵本を用いるなら，絵についても考慮することを忘れてはなりません。絵は理念を表現しているでしょうか？　絵は想像力をかき立てるものでしょうか？　何か頭を悩ませるようなものがあるでしょうか？　想像性あふれるイラストは利点になりうるだけでなく，子どもたちが哲学的問いを問うように刺激してもくれるのです。エリック・カールの『うたがみえる　きこえるよ』のような本を考えて見て下さい。1ページ目のヴァイオリン奏者のセリフだけは文字で書かれているものの，この絵本はすべてイラストによって構成されています。素晴らしく想像性あふれる絵は，私たちを隠喩の世界へと連れていってくれます。音楽が語ったり，色が聞こえたり，音楽と色が踊ったり，等々。この本は美術と音楽の関係や，聴覚と視覚の関係について，問いを投げかけているのかもしれません。

　この文脈で言えば，想像性に乏しいイラストは，害を及ぼすでしょう。自分が想像していたのと異なる形で事物が描かれているのを子どもが見つけると，想像性に乏しいイラストは障害になる恐れもあるのです。子どもたちの想像力をあまりかき立てないような絵に，かなり依存しているような本については，慎重に考えなければなりません。

テキストを分析すること

　ここからは，私がどのようにテキストに取り組んでいくのかを示すために，一つのテキストを一緒に読んでいきたいと思います。ここで読むのはウィリアム・テルの物語です。私は，重要な出来事や理念を欄外に記すことで，テキス

トの内容を特徴づけました。こうすることによって，教室における探求を促進するかもしれないし，練習や議論の計画を準備するのに使えるかもしれないと考えたからです。実際の教師であれば異なった種類の出来事や理念を選ぶかもしれませんが，主要な概念や理念に目を向けていれば，そのリストもきっと良いものになるはずです。

　また，このテキストは，元来教室における探求のためにデザインされたものではないということ，さらに，実際の教師であれば選ばないようなものかもしれないということも，つけ加えておきたいと思います。このテキストは民話から採られたものであり，したがって，複雑な歴史上の出来事をかなり単純な形で表現しています。私がこのテキストを選んだ一つの理由は，それが本書のような書物に掲載することができるくらい短く完結した物語だからです。しかし，もっと重要な理由は，このテキストの水面下にはいくつもの哲学的主題が隠れているからなのです。

ウィリアム・テル
スイスのお話

　スイスがどこにあるのか知っていますか？　スイスは私の出身地なのです。祖父が言うには，私の一族はずっと昔から，スイスに住んでいたのだそうです。

他の国に支配される
こと

　もうずいぶん昔のことですが，私の祖国は隣国のオーストリアに支配されていました。スイスの言い伝えには，オーストリア人の支配者たちは残酷で野蛮な人

冷酷な支配

間として描かれており，スイス人たちは彼らの冷酷な扱いに耐えながらもしばしば不満を漏らしていたと言

自己決定

われています。スイス人たちは自由になれる日を心待ちにしていました。

　オーストリア人の統治者たちに立ち向かう勇気のある人は，長い間現れませんでした。そしてようやく，

命令に逆らうこと	ウィリアム・テルという名の男が代官の命令に逆らい，さらに，オーストリア人をスイスから追い出すようスイス人たちに呼びかけたのです。こんな人物は存在しなかったのだ，ウィリアム・テルの人生に関する話は
伝説	単なる伝説だ，と多くの人々は言います。とはいえ，
国家の英雄	多くのスイス人が彼のことを国家の英雄であると見なしています。人々は彼のことを語る時，オーストリアの支配から国を取り戻すよう人々を奮起させた人物と
熱い誇り	して，熱い誇りを持って語ります。

これから，ウィリアム・テルの物語をお聞かせしましょう。遠い昔に何が起こったのか。少なくとも，何が起こったのかを伝えてくれる物語の一つです。もし私がスイスではなくオーストリアに住んでいたなら，

様々な観点 同じ出来事についてまったく別の物語を語ったかもしれません。私は，同じ出来事について，異なる仕方で考えていたかもしれないのです。

＊　＊　＊

ある日，ゲスラーという名の新しい代官が，オーストリアからやって来ました。彼はスイス人を残酷かつ

不公平	不公平に扱いました。彼はまたあまりにプライドが高
プライドが高いこと	かったので，ある日，自分の緋色の帽子を広場のポールに掛け，そこを通る時にはお辞儀をするようにと人々に命じました。

私たちはいつも言われた通りにするべきなのか？	何人かの人々は言われた通りにお辞儀をしました。しかし，勇敢な狩人であるウィリアム・テルは，幼い息子と一緒に広場にいたのですが，お辞儀をしませんでした。
理由を尋ねること	「なぜ他の人たちみたいにお辞儀をしないの？」テ

ルの息子が聞きました。

勇気，反抗，誇り 　「私は奴隷ではないからだ」テルは答えました。「こんな暴君はいつかこの国から追い出されてしまうだろう」そう言うと彼は誇らしげに顔を上げて，帽子の前を通り過ぎました。

＊　　＊　　＊

　このことを聞いたゲスラーは怒り，テルを牢屋に入れるよう命じました。テルと彼の息子はすぐにゲスラーの前に連れて来られました。

　「スイス野郎，おまえの名は何だ」ゲスラーは問い詰めました。

　「私の名はテル——ウィリアム・テルです」。

　「なるほど。おまえがテルだな！」ゲスラーは嘲るように言いました。「おまえのことは聞いている。お

最も優れていることと評判 　まえはこの国一番の弓の名手らしいな。それは本当か？」。

　「そうですね，私は競技では，何人もの名手と競い

警戒 　はしましたが」テルは慎重に言葉を選びながら言いました。

賭け 　「おまえの腕を見てみたい」ゲスラーは続けました。「それだけじゃないぞ。もしおまえがわしの命じた的を射抜くことができたなら，帽子の件は忘れてやろう。おまえは自由の身になるのだ」。

　「何としても射抜いて見せましょう。あなたのために」テルは言いました。「どんな的を射ればよいのですか？」。

　「これはおまえの息子か？」ゲスラーは尋ねました。

　「そうです」。

「勇敢な子かね？」。

「そう思います」。

「よし！」ゲスラーはほくそ笑みました。「ならばこの子がおまえを手伝ってくれるだろう。あの大きな樫の木の前にこの子を立たせよ。このリンゴをその子の頭に載せるのだ。1回でこのリンゴを射抜くことができたなら，おまえは自由の身だ」。

テルはモラルディレンマに直面する

兵士たちの間から，かすかに驚きと恐怖の声が上がりました。「何だって！」テルは叫びました。「私に息子を射ろと言うのか？　ありえない！　あなたのためだろうが誰のためだろうが！」。

愛情，恐怖，怒り

「お父さん！」息子が呼びかけました。

「何だい？」テルは言いました。その声は震えていました。

勇気と信頼

「お父さん，ぼく，じっとまっすぐに立っているよ。お父さんは的を外したりしない。リンゴを射抜けるよ」。テルは何も言いません。「リンゴを下さい，お願いします，代官さま」。

「いい子だ！」ゲスラーはほくそ笑みました。「いい子だ」。

「準備はいいよ，お父さん」。

「さあテル！」ゲスラーは言いました。「弓の歴史の中でも最も素晴らしい射撃となるはずだ！……何だ，奴は2本も矢を取り出したぞ。1本で十分だと教えてやったはずだが」ゲスラーは再びほくそ笑みました。

推論

信仰

「おお神よ，お導きを」ウィリアム・テルは狙いをつけながら囁きました。ビュン！　兵士たちは息を飲みました。歓声が起こりました。

技量

「神よ，感謝します」テルは息を吐きました。「私の

息子は無事です」。

「見事な射撃だった」ゲスラーは言いました。リンゴは真二つだ」そして怒りを露わにしてつけ加えました。「だがその2本目の矢は何なのだ？」。

正義と復讐

「あなたのためです」テルは言いました。「もし私が息子を傷つけてしまっていたなら，この矢はあなたの心臓を射抜いていたでしょう」。

反逆とは何か？
束縛

「反逆だ！」ゲスラーは叫びました。「奴を取り押さえろ。捕まえるのだ」。

＊　＊　＊

厳重に捕縛されたウィリアム・テルは，ゲスラーが城に帰るために用意していた舟へと引き立てられました。城への道中に嵐が巻き起こりました。嵐の中で舟を操作できるのはテルだけだったので，捕縛を解かれた

技量

彼は舵を握りました。彼は巧みに舟を操り，岸近くの岩棚に着けました。そして兵士たちに捕まるより早

自由を掴むこと

く，浜辺に飛び降りて姿を消したのでした。

とはいえ，テルはゲスラーのことを忘れたわけではありませんでした。彼は急いでゲスラーの城に向かう

復讐を果たすこと

と，道端の木々の間に隠れました。そして代官が馬に乗って通りかかった際，注意深く狙いをつけると，心臓を射抜いたのでした。

こうしてスイス人たちは，武器を手に取り，祖国か

自由のための闘争

ら敵を追いやる決意を固めました。テルは彼らの指導者として，オーストリア人と戦い，何度も勝利しました。テルはオーストリア人すべてをスイスから追い出すことはできませんでしたが，彼の勝利によってスイ

より大きな自由

ス人たちは，かなりましな扱いを受けられるようにな

りました。

＊　＊　＊

ウィリアム・テルは長生きしましたが，1345年に大洪水が彼の住んでいる谷を襲い，彼も他の人々も溺れ死んでしまいました。

自治という自由　　およそ100年の後，オーストリア人はスイスから追い出され，ようやくスイスは自由を手に入れたのでした。

＊　＊　＊

これで私の話はおしまいです。先ほどもお話したように，多くのスイス人がこの話を本当にあったことだ

<u>本当の話</u>　　と信じています。けれども，だからといって，何が起きたのかということについて，別の話がないと言える

様々な観点　　でしょうか？　私には分かりません。あなたはどう思いますか？

　この教材は探求にふさわしい概念や論点を豊富に含んでいます。主要な理念としては，自己決定の権利や，自由の価値，暴政の害悪，個人の力などがあります。また，不公平と復讐の結びつきや，勇敢さと信頼の結びつき，愛と勇気の結びつきなども，見て取ることができます。これらの中から1つだけ，ある種の自由や自由の欠如に関わりのある語彙のリストを見てみましょう。束縛，反抗，連行，追放，自由，代官，指導者，拘束，支配者，収監，被支配，捕縛，奴隷，暴君，解放。個人の自由，道徳的な自由，政治的な自由は，互いに関連づけられており，物語の中のほぼすべての出来事に関係しています。テルがゲスラーの命令に反抗して帽子にお辞儀をするのを拒んだ時，あるいは，彼が牢屋に入れられて鎖で縛られた時，あるいは，ゲスラーの残酷な挑戦を受け入れれば自由を与えられることになった時などです。この物語の文学上の長所が何であれ，このテキストは教室における探求に大変ふさわしいものであると言え

るでしょう。

　第5章で再びウィリアム・テルの物語に立ち戻り，このテキスト用の議論の計画や練習をどのように構成することができるかを，お示ししたいと思います。とはいえ今のところは，教室における探求のための物語教材をどのように選べばよいのかについて，いくらかの着想を得ていただければ嬉しく思います。

注

1)　Kerry Argent, *Friends* (Ringwood, Victoria: Omnibus/Puffin, 1988).

2)　以下に言及されるストーリーは次の通り。Babette Cole, *Princess Smartypants* (London: Hamilton, 1986)〔B. コール『トンデレラ姫物語』上野千鶴子訳，松香堂，1996年 (YouTubeでも見られます)〕; Eric Carle, *The Very Hungry Caterpillar* (Harmondsworth: Puffin, 1974)〔E. カール『はらぺこあおむし』もりひさし訳，偕成社，1997年 (YouTubeでも見られます)〕; Nan Hunt, *Whistle up the Chimney* (Sydney: Collins, 1981); Norman Lindsay, *The Magic Pudding* (Ringwood, Victoria: Penguin, 1957)〔N. リンゼイ作・絵『まほうのプディング』小野章訳，講談社，1979年〕; John Burningham, *Aldo* (London: Jonathan Cape, 1991)〔J. バーニンガム『アルド・わたしだけのひみつのともだち』谷川俊太郎訳，ほるぷ出版，1991年〕; Alan Marks, *Nowhere to be Found* (Saxonville, Maryland: Picture Book Studio, 1988).

3)　Dr. Seuss, *The Cat in the Hat Comes Back* (New York: Random House, 1958).

4)　Lewis Carroll, *Alice's Adventures in Wonderland in the Complete Stories of Lewis Carroll* (London: Puffin Books, 1984).

5)　A. A. Milne, *The House at Pooh Corner* (London: Methuen, 1928), Chapter 3.〔A. A. ミルン『プー横丁にたった家』石井桃子訳，岩波少年文庫，2000年〕

6)　Tony Ross, Foxy Fables (London: Puffin Books, 1987); Ronald Dahl, Revolting Rhymes (London: Puffin Books, 1984).〔R. ダール『へそまがり昔ばなし』灰島かり訳，評論社，2006年〕

7)　Eric Carle, *I See a Song* (London: Hamish Hamilton, 1973).〔E. カール『うたがみえるきこえるよ』もりひさし訳，偕成社，1981年〕

8)　この物語はA. E. Williams & C. Eakins, *New Social Studies through Activities* (Sydney: Martin Education, 1980)から採られたものであり，Martin Education社の許可を得て掲載されている。

第4章 探求の共同体を作る

　哲学的探求というものにはあまりなじみがないかもしれません。そこで，本章では，探求の共同体を作るためには教室でどう進めるのがよいか助言し，教師がすべきこと (学ぶべきこと) について論じます。できる限り，手短で実用的なものにしましょう。一旦やってみれば，これらの助言についても一層詳しく分かるものも多いでしょうから，まず一度実践してみてからこの章を読み直してみるとか，同僚の先生方と経験を分かち合ってから本書を読み直してみてもいいでしょう。

手　　　順

　哲学的探求をするためには，小グループでの活動と組み合わせてクラスディスカッションを設定するということを基本的にお勧めします。クラス全体のディスカッションといっても，教師主導の活動ということではありません。教師がディスカッションをガイドし，ディスカッションの方法のモデルを示しはするものの，哲学的探求へのアプローチそのものは子ども主導です。このことをしっかりと理解しておくことと，探求の大半を占めるクラス全体の活動と教師が単にデモンストレーションをするだけの一セッションとを混同しないことが大切です。では，クラス全体のディスカッションと小グループでの活動の両方にお勧めの設定について，いくつかの基本的なポイントを示します。

クラス全体でのディスカッションを設定する

　クラス全体でのディスカッションをするためには適切な物理的設定をする必要があります。お互いの顔が見えるだけでなく，子どもたち全員に皆の顔が見えるようにします。最もよい配置は，フロアの上でも椅子でもいいので，子どもたちを円形に座らせることです。1回のセッションは，小学校の低学年では20分程度，高学年だったら1時間半くらいはできるクラスもあるでしょう。ということは，子どもたちは椅子に座らせる方がいいということになります。子どもたちが円の外側に座ったり，小さいコーナーを作ったりして，ディスカッション全体に参加しない，ということがないように注意します。年少の子どもたちに教師が物語を読み聞かせる時には，教師の前に子どもたちが円くなって座るというような形をよく取りますが，これはあまりふさわしくありません。教師と子どもたちが面と向かって座る，という形は避けるべきです。

　小グループもうまく活用させたいでしょうから，小グループに分かれてからまたクラス全体の形に戻る時に，混乱が最小限になるように設定します。本書中のイラストには，他の教師がやってみてうまくいった設定が示してあるので，参考にしてください。

　クラス全体でのディスカッションを実施していく時に，子どもたちの問いや課題をすぐに書けるように，教師は黒板や大きな模造紙がすぐに使える場所に位置します。セッションの間，教室に子どもたちの問いを掲示しておくことが望ましいので，大きな模造紙を使うことが一番よいでしょう。

　クラスのメンバー全員がディスカッションに参加する機会があることが何よりも重要です。たとえ子どもの数が30人以上であったとしても，ディスカッションがうまくいったと言われるためには，話をする機会が全員に与えられたというものでなければいけません。全員に話させるというと，初めは驚く教師もいるかもしれません。しかし，これから述べる手続きを注意深く実施すれば，ここでお勧めするようなディスカッションを経験してみると，全員が話をするようになるのが分かります。

　もっと小さなグループでやってみたいということならば，別の教師か保護者に手伝ってもらって，クラスを二つに分けてみてもいいでしょう。そうすると，

ディスカッションの時にクラスを二つに分け，一つのグループには教師が参加し，もう
一つのグループは子どもたちだけでディスカッションをしています。

セッションを実施することが容易になるだけでなく，子どもたちが話す時間も
増えます。手伝いをしてくれる人が見つからなかったとしても，何回か経験す
れば，一つのグループは教師がして，別のグループは教師なしにするなど，ディ
スカッションの部分を二つのグループに分けてもいいでしょう（上の写真を見
て下さい）。このやり方が驚くほど効果的であると感じる教師もいると思います。

ペアや小グループでのディスカッションをする

　教室での探求の基本的なやり方に子どもたちが慣れたら，小グループでのグ
ループワークを導入しましょう。問いを考え出させるために，クラスをペアや
小グループに分けます。それぞれのグループが自分たちの問いをいくつか考え
出すように指示し，それからその中の一つを選んでボードの上に置かせます。
こうすれば，全体のディスカッションに向けたより深い，少数の問いを作り出
すことができます。ディスカッションの途中で小さなグループに分けてディス
カッションを行い，それからクラス全体にその報告をさせる，ということもあ

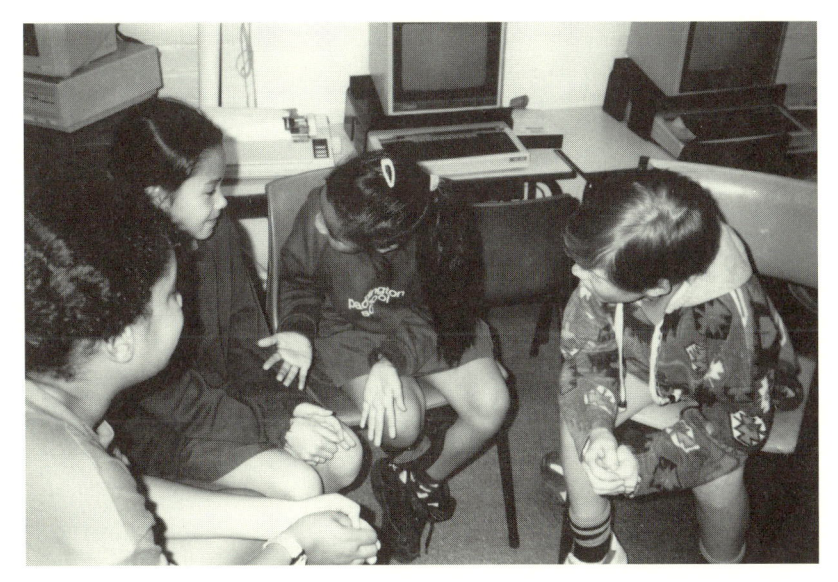

この子どもたちは，小グループでのディスカッションに参加しています。この後，クラス全体がここでの議論の結果を考察することになります。

ります。このようにすれば，会話への参加が増え，会話するスキルを発達させる機会が大きくなります。第6章，第7章でも示しますが，探求を実践するための手助けの多くは，このようなペアや小グループでなされます。ディスカッションの後のまとめでも，時にはディスカッションの前の準備でも，このような小グループは役に立ちます。

読むこと

　通常，授業は物語を読むというセッションから始めます。短い物語を使う場合は，その物語全部を読みます。小説程度の長さで，目的を持って書かれた教材を使う場合は，一つか二つのセクションだけを読みます。子どもたちが，しっかりした問いのリストを作り上げるのに必要な材料はほんのわずかでいいということに驚くことでしょう。

　読むことについての一般的なアドバイスをすることは難しいものです。年齢やクラスの構成，材料となる物語のコピーが用意できるかなどの様々な条件に

よって異なるからです。年少の子ども向けの「大判絵本」を使うにせよ，年長クラスで全員にコピーを配るにせよ，できれば子どもたちにはテキストそのものを使えるようにすべきです。子どもたちの準備ができたら，パラグラフごとに区切ったり，対話の部分は前もって読む子どもを割り当てるなどして，全員で声を出して読むのもよいでしょう。前もって黙読したり，リハーサルをするなどして準備をするのはいいことですが，どのようにするにしても，読むことはクラス全員が参加する共同活動でなければなりません。

論題を設定する

問いを考える

　読むことを終えたら，どんなことが書いてあったかについての問いをすぐにします。最初の数回は，子どもたちにどんなことでもいいから，よく分からなかったこと，何か変だなと思ったことなどを質問するように指示します。納得できなかった行動について質問することもあるでしょう。物語の中で，皆でディスカッションしてみたいなと思わせるところもあるかもしれません。問いが出てきたら，それをボードに書き，番号を打ち，その問いの後に問いを出した子どもの名前を皆に知らせるために書いておきます。物語のどの場所で問いを思いついたのかを子どもに確かめることもいいでしょう。物語のコピーが目の前にあれば，その問いに関連するページを聞いて，後で調べるためにボード上の問いの横にページを書いておきます。以下に，私の作った「まるで魔法みたい」[1]という物語に対する5歳児クラスで出てきた問いを紹介します。

1.　占いが未来を見ているんじゃないなら，占いって何なの？(リエンナ，p. 75)
2.　占いを信じた方がいいの？(ペトロフ)
3.　どうして占いが必要なの？(イヴァン)
4.　「魔法みたい」ってどういうこと？(イリヤ，p. 76)
5.　どうしてブライアンは，ミスターマジックが女の人じゃないって思ったの？(アンナ，p. 79)

ボードには子どもたちの問いを書いておいて，クラスでのディスカッションの基礎を作っておきます。左上のコーナーにつながりのある問いが特定されていることに注意。

6. もしそれがライオンの背中だったら，どうしてしゃべることができたんだろう？（ナディア，p. 74）

7. ミスターマジックはどうやって自分の声をレジナルドの口からしゃべらせることができたんだろう？（ニコライ，p. 78）

8. 神様を信じている人が，同じように魔法を信じることもできるんだろうか？（アンドリュー，p. 73）

この子どもたちは哲学的探求の授業を初めて受けているのですが，このような問いは，この年齢の子どもたちが出すほぼ典型的な問いです。この授業を受けた子どもたちは，たまたま，モスクワの国立学校の児童ですが，シドニーやロンドンの子どもたちの問いとそれほど違いません。

　子どもたちが問いを考え出すことに慣れてしまったとしても，このやり方にはいくつかのヴァリエーションがあることを思い出して下さい。例えば，先にも述べましたが，クラスを小グループに分けて，各グループで一つ問いを考え出してボードに書くように求めることなどです。あるいは，一人ひとりの子ど

もに問いを書き出させて，それからその中で，クラスでディスカッションしたいと思うものを見つけるという方法もあります。選び出した問いをボードに書いておきましょう。

　こういったやり方は，小さい子どもでやる時には変えた方がいい時もあります。小さい子どもたちは自分から質問をすることはよくできるのですが，質問をしなさいと言われた時に，中には質問をすることと意見やコメントを言うこととをうまく区別できない子どももいます。こんな時には，その子どもたちにその物語で面白かったことや興味深かったことをクラスの皆に話してごらん，と促します。そして，その子たちの話で使えそうなことを一つか二つでも見つけて，それをボードに書きます。

　このように始めたとしても，子どもたちにはいつも質問をするように声をかけます。例えば，子どもが物語の中のあることについて何か言った時に，「そのことについて，皆に聞いてみようか？」と言います。それが適切なものだったら，そのコメントを問いの形にするようにその子に指示するのです。誰かが質問をした時には，子どもたちにはその質問に注目させて，そして誰か他に質問はないかとすぐに尋ねます。コメントを問いの形に変える練習をすることを考えてみてもいいでしょう。

　どの年齢の子どもでも，問いを作り出すのが難しく感じることもあるでしょう。そんな時には，クラスの中に誰か手助けができる子がいないか，確かめてみます。このやり方がとても効果的な時もあります。なぜなら，子どもたちがお互いの質問を注意深く聞くこと，難しいことが生じた時にお互いに助け合うことが促されるからです。もう少し直接的に手助けをした方がいいのならば，自分が言ったことについて考えてみるように子どもたちに指示します。問いになりそうだけどうまく問いの形にできない場合，問いが，「どうやって？」「どうして？」「何が？」「誰が？」「いつ？」「どこで？」のどれから始まるか聞いてみましょう。子どもがうまく問いを作り出せないでいたら，どんな問いになるかを考えて，「こういうふうに言ってみたらどうかな？」などと聞いてみます。ここでもやはり，問題に近づけるよう焦点を絞るために，子どもが話していることで，「そこのところがちょっと分からないんだけど」と指摘してもいいでしょう。

1回目や2回目の授業で子どもたちが持ち出してくる問いには，必ずしも実りあるディスカッションをもたらすものばかりだとは限りません。例えば，テキストを基本的に理解していないので，テキストの中に答えが書いてあるような問いもありますし，大して面白くない答えしかないような問いもあるでしょう。興味をかき立てられてするというよりも，教師を喜ばせるためだけに問いを出す子どももいます。こういった問いにはその場で，簡単に対処しておくことはよいことでしょう。そうすることで，子どもたちは，本当の探求に導くような問いとそうでない問いを区別できるようになります。ほんのわずかな経験をすることで，子どもたちは探求に値するものを見つける感覚を養うことができるのです。

　哲学的探求をしていくと，子どもたちの直感が教師を驚かせるほど素晴らしいものであることに気づくこともあります。とはいっても，初めは教師からの優しい方向づけが必要です。見込みのありそうな問いを子どもが出してきた時に，そのことに気づかせるようにしてあげます。クラスの他の子どもたちは教師のその意図に気づいて，次には自分たちがもっといい問いを出すようになるのです。最初のうちは，ディスカッションを始めるための問いを選ぶのに，子どもたちに問いかけたり，投票で決めさせたりするよりも，教師がボード上のよさそうな問いを選んで行くことで，始めていく方がいいでしょう。こうすることで，よいディスカッションを進められるだけでなく，子どもたちはどんな種類の問いが実り多いものになるのかを見つけることができるようになります。

つながりを見つける

　ボード上の問い同士には重要なつながりがよくあります。同じことについての問いがあるかどうか，あるいは大切な点でつながっている問いがあるかどうか，といったことを子どもたちに問いかけます。問いをまとめることで，ディスカッションのための基礎を作り上げることができるのです。モスクワの子どもたちが挙げた問いをもう一度見てみましょう。

1.　占いが未来を見ているんじゃないなら，占いって何なの？
2.　占いを信じた方がいいの？

3. どうして占いが必要なの？

4. 「魔法みたい」ってどういうこと？

5. どうしてブライアンは，ミスターマジックが女の人じゃないって思ったの？

6. もしそれがライオンの背中だったら，どうしてしゃべることができたんだろう？

7. ミスターマジックはどうやって自分の声をレジナルドの口からしゃべらせることができたんだろう？

8. 神様を信じている人が，同じように魔法を信じることもできるんだろうか？

このリストの1から3番目の問いにはつながりがあります。これらは皆占いについてのものです。占いとは何なのか，占いは人間に必要なのか，信じるべきものなのか，といったように。このつながりはすぐに分かるものであり，ディスカッションを構造化するのに役に立つものです。それに対して，問い5と7はどちらもミスターマジックについてのものだからつながりがあると子どもたちが言ったとしても，このつながりは表面的なもので，ディスカッションのよい基礎とはなりません。つまり，表面的なつながりともっと深く，もっと興味深いつながりとの区別を子どもたちができるようにすることが重要です。このことは，単に生産的なディスカッションのためだけではなく，一層深いつながりこそが哲学へと導く道の基礎にあるからなのです。「まるで魔法みたい」のお話を知っていれば，問い5と7は，上に述べたような表面的なつながりではなく，ある理由でつながっていることが分かるでしょう。この二つは，見かけと実在の違いについてであり，これこそがこのストーリーの中心的なテーマの一つなのです。そのことを前提にすれば，この二つはより深い，哲学的なつながりを持つことになるのです（このリストの中に，この違いでつながっている他の問いを見つけられますか？）。

　つながりを見つけられたら，そのつながりを表している単語か文を探すように指示します。そして，ボード上の問いを，そのラベルを使ってグループに分

けます。グループを区別するのに，異なった色のマーカーやチョークを使うの
もいいでしょう。こうすれば，探求の論題や流れに沿って，子どもたちが問い
を系統立てるのに役立ちます。

　子どもたちが，1回のセッションで扱いきれないほど多くの問いを出してく
ることはよくあります。ディスカッションに入った時に，まだ発言されていな
い問いもあるでしょうから，問いをやり過ごしたり，探求を切り捨てたりしな
いようにします。子どもたちがディスカッションに夢中になっている場合は，
そのセッションを次の授業時間に繰り入れることも考慮すべきでしょう。授業
を中断する時には，その後もディスカッションを続けて，残っている問いに取り
組みたいかどうか，クラスに尋ねます。子どもたちの興味に任せて進みましょう。
次のセッションに問いを持ち越すことで，概念的な探求や理由づけの流れに沿
ってフォローアップする計画を立てる機会ができます。概念的な探求は第Ⅲ部
第6章，理由づけは第Ⅲ部第7章で行っていますので，それらを参照して下さい。

ディスカッションを導く

　問いを論題としてまとめたら，ディスカッションを始めることができます。
ここでは，ディスカッションにおける教師の役割全般について述べ，ディスカ
ッションの始め方についても論じます。この章の最後の方では，例を示しなが
ら，もう一度これらのポイントの多くについて詳細に述べます。

教師の役割

　クラスでのディスカッションにおける教師の役割は多くの点で指揮者の役割
と似ています。教師は，ディスカッションのパフォーマンスを調整し，改善し
ていかなければなりません。教師は，ある時は活発に，しかしある時には抑え
気味にならなければなりません。教師は，子どもたちがお互いの発言をしっか
り聞いていること，そして全員に自分の発言が聞いてもらえる機会があること
を確かめなければなりません。重要なテーマが適切な扱い方をされているかを
確かめることも必要です。そして，ディスカッションが進むにつれて，子ども

たちに対して，ディスカッションが重要な展開をした時には，それを強調して，意義のある転換に気づかせることが必要になることもあるでしょう。子どもが間違いをした場合，その思考をもう一度辿らせたり，ディスカッションに弱いところがあれば，それを強めるための練習をさせた方がいいかもしれません。

　ディスカッションの指導では，教師は，子どもたちが意見の違いをまとめてもらうような権威ある人物や哲学的なエキスパートとして登場しないということが非常に重要です。教師が発言するとしても，教師の意見は特別な重みを持ってはいけません。教師は自分の観点を発言するのに非常に気を配らなければならない，ということなのです。授業の内容のエキスパートになるのではなく，ディスカッションから最善の教育的効果を挙げていくということのエキスパートになるべきなのです。

ディスカッションを始める

　子どもたちの問いが論題として設定されたら，ディスカッションを始めるのに，選ばれた問いを出した子ども，あるいは子どもたちを当てて，最初に発言を求めるのがよいでしょう。もし，まだその子が問いを考え出した理由を説明していないのなら，その子にもう一度問いかけて，その子の頭の中にある考えを十分に説明させます。その子は他の子どもの問いから思いついたつながりについて何かをつけ加えることもあるかもしれませんし，この問いにどう答えたらいいかの提案をしてくれるかもしれません。

　この時点までに，話に参加したいと思っている子どもたちも何人かいるに違いありません。この子どもたちにも発言をさせていくことで，ディスカッションは形になり始めます。子どもたちには多様な意見があり，反対の意見を積極的に述べたり，答えの範囲を広げようとしていることに気づくでしょう。いずれにしても，子どもたちは，いくつかの提案をするだけや，単に意見を言うだけではだめだということをすぐに見つけます。自分が言ったことについての理由を挙げるようになるでしょう。そして，その理由が別の方向へと引っ張っていったり，別の理由の方が強力だったりすると，どの結果がよいのかを判断する基準を作る必要があることに気づきます。したがって，理由によって意見を支

持すべきかどうか考えて，判断基準を見つけるように導いていく必要があります。

　これらのことは，この章の後の方で論じる問題ですが，先に進む前に，ディスカッションの様子を示した教室での対話の例を見ておく方がいいでしょう。「占いが未来を見通していないなら，占いって何なの？」というリエンナの問いを見ていきましょう。

教師：リエンナ，どうしてこの問いを出したのか皆に話してみてくれる？

リエンナ：えーっと，このお話の中で，ブライアンは，占い師は未来を教えてあげることができるけど，本当の意味では未来を見通すことができるわけではない，と言っているの。でも，誰かの未来を見通すことができないのなら，誰かの未来を教えてあげることはできない。それが占いというもの。

教師：ありがとう，リエンナ。リエンナが言ったことについて，誰か話したい人はいないかな？（少し間を置いて）はい，イヴァン。

イヴァン：ブライアンが言ったことは，占い師は本当の意味では未来を教えることはできないってこと……だって占い師は未来を見通すことができないから。

リエンナ（本を指差しながら）：ここにこう書いてあるわ，「多分占い師は未来を教えることができる。でも，占い師は未来を見通すことはできないんだ」とブライアンは言ったって。だから，ブライアンは占い師が未来を教えることができるって言っているのよ。

ナディア：ブライアンは「多分，できる」って言っているだけよ。

リエンナ：ええ，そうね，ナディア。でもブライアンが言おうとしているのは，未来を見通すことなしに，占い師は未来を教えられるかもしれないということでしょ。どうしてそんなふうに言えるのか私には分からない。

教師：ナディア，分かった？　よし。イヴァンはどう？

イヴァン：うーん，あんまり。

教師：（少し間を置いて）誰かお手伝いできる人？　はい，アンドリュー。

アンドリュー：イヴァンが言いたいのは，占い師はインチキの未来を教えることができるだけだってことをブライアンは言おうとしているんじゃないか

ってことだと思う。占い師が本当の未来を教えているんなら，リエンナの言っていることは正しいと思う。占い師は誰かの未来を見通すことができていなければならないから。

教師：イヴァン，そういうことでいい？

イヴァン：はい。

教師：リエンナ，あなたもそれでいい？

リエンナ：いいと思う。でも，インチキの未来を教えるっていうことは本当の意味で未来を教えるっていうことじゃないわ。そうしているふりをしているだけだわ。

教師：ナディア，何か言いたい？

ナディア：誰かの運命を本当の意味で教えることができることとでっち上げることが違うっていうのは分かったわ。リエンナが，占いは未来を見通すことだって言った時に，それは本当の占い（＝未来を教えること）のことについて言っていたのね。でも，ブライアンが，占い師は未来を教えることができるって言った時には，インチキの未来について言っていたのね。アンドリューが言ったみたいに。

教師：これで違いが分かったね。ナディアが言ってくれたように，本当の未来を教えることと，インチキの運命を教えたり，でっち上げることとは違うということが。誰か，その違いは何かについて皆に説明できる？　はい，ニコライ，やってみて。

ニコライ：本当の未来を教えることっていうのは，その人の未来を見通すことができるってことで，インチキの未来を教えることはでっち上げているっていうことです。

教師：ありがとう，ニコライ。アンナ，何かつけ加えたいことがある？

アンナ：はい，ニコライの言ったことでいいけど，占いっていうのは皆インチキだってことも言いたい。未来を見ることができる人なんていないんだから。

ペトロフ：ぼくは反対だな，アンナ。未来を見通すことができることもあるよ。

アンナ：いいえ，できないわ。

教師：ペトロフ，未来を見通すことができるって言ったけど，何か例を挙げ

られる？

　ここでディスカッションをいったん止めてみましょう。お分かりのように，大抵の場合，教師は問いを投げかけています。

　これらの問いは，理由を求めるものだったり，コメントを求めるものだったり，皆が同意するかどうかをチェックするものだったり，具体例を求めるものだったりと，様々な機能を持っています。ある時点では，違いがしっかりと理解されているかを確認しています。最後の時点では，教師は，具体的な例を示す必要があることを示唆しています。私はここで議論したいと思っていることがたくさんありますが，これらはその中のいくつかの例です。

　子どもたちがディスカッションのやり方に慣れていくうちに，教師の役割は変わっていきます。教師は口を出すことが少なくなります。子どもたちはお互いに質問を交わすようになります。子どもたちは自分たちだけで，違いを見つけ出し，つながりを作っていきます。ほんのわずかな手助けだけで，子どもたちは理由を考え出し，別の選択肢を探し出し，判断基準を求めるなどし始めます。とはいえ，まだまだ教師にはすることがあります。子どもたちは自分たちの考えが意味していることを見落としたり，不確かな仮定によって迷ってしまうこともよくあるので，適切な質問をすることで手助けができることもあります。クラスがディスカッションを続けていくことを手助けし，全員が参加するように配慮し，お互いが敬意を持ち続けることを手助けしていかなければなりません。

　ディスカッションの中での力学は複雑であり，ディスカッションがどこへ進むかも予測できないのですが，高い技能を有する教師の手にかかれば，ほぼ成功は間違いありません。もちろん，このような技能を育てるには練習が必要です。初めの数回はあまりうまくいかなかったとしても，やり続けていく勇気を持つためにも練習が必要です。初めて路上で車を運転した時にどんな気持ちだったかを覚えているでしょう。「ギアをチェンジする前にクラッチを緩めて……別の車の前に入ろうとしたら，指示器を出して……ここで左折。左って言っただろう，左だよ！……」。ある程度経験を積むまでは，一度に多くのことに注意を払わなければならず，とてもじゃないけれど人間業ではできないと思

うものです。ここでも同じことです。でもいずれ教師も子どもたちも学んでい
けます。だから，がんばって続けましょう。

注意しておくこと

ディスカッションで行われていることをだいたい見てきたので，特に注意し
ておくべきことをいくつか詳しく見てみましょう。

明 晰 さ

ディスカッションをしている時は，教師は注意深く耳を傾け，一人ひとりの
子どもの発言を理解する必要があります。子どもの言おうとしていることが分
からない時は，できる限りその発言をまとめて，正しく理解しているかどうか
を子どもに尋ねます。あるいは，以下のように，確かめの質問をします。

- それは，……っていうこと？
- ……って言ったけど，それは……かな，それとも……かな？　そうでは
  なくて，別なことかな？
- 君が言っていることからすると，……ということになるのかな？
- ……って言ったけど，それは……ということを考えていたのかな？
- 君が言ったことは，誰々さんが言ったのと同じこと，それとも別なこ
  と？

ある子どもの言ったことが他の子どもたちに理解してもらえたかどうかはっ
きりしない時は，理解できたと思っている子どもに，クラスの皆にどんなこと
だったか説明できるかどうか，あるいは上に挙げたような確かめの質問をして
みます。

- 誰々さんが言ったことは……っていうことかな？
- 誰々さんが言ったことからすると，……ということになるかな？

- 誰々さんが……って言ったのは，……と考えていたんだと思う？

このような確かめの質問を通常のディスカッションの中に入れていくことができると，子どもたちがこういった質問をするようにもなっていくでしょう。疑問を明確にしていこう，その結果や仮定を見ていこう，別の子どもが発言したこととのつながりを作ろうとしている子どもを賞賛することを忘れないようにしましょう。

首尾一貫性

子どもたちの発言の内容や，前の発言と今の発言との間などに，矛盾しているところが見つかることもあります。子どもたちには発言の内容が首尾一貫するように気をつけさせましょう。子どもたちの発言が知らず知らずのうちに矛盾しているとか，首尾一貫していないような場合，以下のような質問をして，注意を引き出しましょう。

- ……ということと……ということの両方を言ってもいいのかな？
- 前には……と言っていたと思うんだけど，今は……と言っているみたいだね。それでいい？

対話をしている子どもたちがお互いに矛盾することを言ったり，考えたりすることはよくあることです。自分たちだけでその矛盾をうまく解決できない時には，このように言って手助けしましょう。「ジェス，君はAと言っているね，……そしてサラはBと言っていたね。君たち二人の両方とも正しいということはありうるかな？」このように言うことで，教師は首尾一貫するということが大事だと思っていることをはっきりさせて，子どもたちにはそのことについて注意を払うようにさせます。

あることについて考え始めたばかりの人は，自分が考えていることを整理するのに時間がかかるものだということを忘れてはなりません。ある考えを思いついた時や，後で別の考えを思いついた時，あるいは考えが変わった時などに

は，何かを発言することもあります。そのことは悪いことではありません。子どもたちが考えているということだけでなく，自分たちの考えについて反省しているということの目安でもあります。いずれにしても，考えを変えるということは，自分の言ったことが矛盾するということではありません。自分の言ったことが矛盾するというのは，A=Bということを信じると同時にA≠Bを信じるということです。A=Bと言っていたのに，今はA≠Bだと思っているということは矛盾しているということではないのです。このことについては，「自分で訂正させる」という節でもう少し深く考えます。

コミットメントの程度

　何かについて肯定している時よりも疑問を持っている時の方が分かりやすいものですが，何かを否定している時よりも疑問を持っている時の方が分かりやすいとは限りませんし，何かを主張している時よりも何かを示唆している時の方が分かりやすいとも限りません。ある命題への疑いや異議を唱えている場合，その人はその命題を否定していると考えてしまいがちです。ある命題を熟慮している時や推測している時には，このような態度をその命題を肯定したり，主張したりしていると考えてしまいがちです。もちろん，このように考えることは人間の行動に対するある程度の知恵の現れとは言えますが，この探求の共同体の中では，これらの違いを忘れずにいることが必要です。

　子どもたちはある命題を，主張し，支持し，示唆し，熟慮し，不思議に思い，疑問を持ち，疑い，否定することができます。推論を進めることもできますし，正しいと断言することもできます。一つの考えにコミットするにはこのように多くの段階があり，子どもたちはその段階を区別する必要があります。ここでもまた，適切な質問をすることで，子どもたちを手助けすることができます。

- 「円には角は絶対無い」と言っているの？　それとも「円には角はないだろう」と言っているの？
- ロバートの言ったことに賛成しているの，それとも，彼は多分正しいだろうと思っているの？

- こういうこともあるかもしれないと思うの，それとも別のことと比べてこっちの方がありそうだと思っているの？

不一致を追求する

　意見の不一致は，探求の中で一つの重要な役割を果たしています。意見の不一致があるから，子どもたちは対話へと導かれ，問題は生き生きと劇的な形で現前してくるので，子どもたちの興味はかき立てられていきます。お互いに興味あることについて相互に論じ合うことで，子どもたちは一緒に考えるということを真の意味で始めていきます。議論の違った側面を見ることになるような，不一致を追求し，その理由を熟慮することによって，子どもたちはお互いにより合理的に振る舞えるようになります。それによって，コミュニティを作ることと探求することの両方の役に立ちます。

　ディスカッションの中で不一致が生じた時に，その機会を利用して，子どもたちは自分たちが言ったことの理由を説明することで，議論の別の側面を追求するという習慣を子どもたちが身につけるようにします。まず，その不一致が何についてのことなのかを皆が分かっていることを確かめます。必要があれば，自分たちの立場をもう一度述べさせるか，クラスに自分たちの立場を説明できる人がいるかを確かめます。それから，子どもたちに自分たちの考えの理由を見つけるように指示します。ある考えを持っている子どもには，どうしてそう思ったかを尋ね，それからその反対の考えを持つ子どもには，その反対意見を支持する証拠を出させます。あるいは，ある考えに反対するのはなぜかを尋ねます。単純な質問の方が答えやすいでしょう。

- どうしてそう言ったの？
- どうして自分が正しいと思うの？
- あの子が間違っていると思ったのはどうして？
- 自分の答えが正しいという証拠はある？

子どもたちのお互いの意見が一致しない場合は，こういった質問をお互いにし

合うように，ほんの少しだけ導く必要もあるでしょう。意見が一致しない時には，こういった質問は自然に出てくるものです。その機会を最大限に活用しましょう。一緒に考える時には，理由を熟慮する必要があり，このことによって子どもたちは理由を探したり，求めたりする習慣を身につけるのに理想的な機会を手に入れます。

　不一致を追求する際，自分たちの理由を比較し，評価する必要も生じてきます。ここでもまた，よいタイミングでの質問が必要になります。

- これこれのことがいい理由にはなっていないとどうして思うの？
- 誰かが，これこれのようなこともあるから，それはあまりいい理由とはならないと言ったら，どうかな？
- Aは，Bが正しいと考えるいい理由だと思う？
- もっといい理由が考えられる人はいない？
- どうしてそれがもっといい理由なの？
- 色々なことをよく考えてみると，そう考えるよりもこう考える方がいいと思うかな？

　意見の不一致を追求する中で，クラス全員がそれぞれの立場に賛成・反対の意見を言うことができるように，じっくり考えるチャンスを持てるようにします。そうすると，一つの見方だけが正しくて，それ以外は間違っているとは言えないということ，そしてまさにこの点に意見の不一致が生まれる余地があるのだということに，大抵の場合子どもたちは気づくでしょう。

別な選択肢を考える

　意見の不一致があると，他にもこう考えられるという意見が出てくることになりますが，他にも取りうる観点や別の意見の可能性はこの探求の様々な場面で出てきます。例えば，警察の捜査や調査委員会などでは，一連の事実を説明できる複数の競合する仮説があり，刑事や委員たちは，それぞれの仮説の説明に都合のよい証拠を探し求めます。小説や演劇では，人間関係の様々な可能性や

異なった観点を探求するのに，登場人物や状況を使います。同じように，哲学的な探求では，質問には様々な答えが許容され，多くの異なった観点がありえます。

　教室での探求では，子どもたちは，別の選択肢の可能性を追い求めること，できるだけ自由に，柔軟に考えることを積極的に推奨されます。よく考えることは，ほとんどの分野で不可欠なことなのです。社会科学，人格的な発達，自然科学やテクノロジーなど，どの分野であろうとも，こういったことを積極的に子どもたちにさせるようにします。もしクラス全体がある一つの考えに固執してしまったり，別の選択肢が無視されてしまうようであれば，教師は，子どもたちに別のアプローチを思いついたり，別の可能性を示唆できる人がいないか，尋ねる必要があります。

- 誰か，別の考えはありませんか？
- 別な見方はないかな？

それでも全部うまくいかなかったら，教師自身が別の可能性を示唆します。「こういうふうに考えたらどうかな？　こういうことも考えられそうじゃないかな？」。とはいえ，この解決策に頼るのは最後の手段です。そして，自分の示唆に対して子どもたちが黙ってしまったとしても，教師はすぐに口を出してはいけません。考えることには時間がかかり，とりわけよい反省的思考が生み出されるにはかなり長い沈黙の時間が必要なのです。時間を計ってみましょう。4秒間待ってみます。必要なら10秒間待ってみましょう。子どもたちには，考える時間が必要だということを教師は知っているのだ，と思わせます。

判断基準に訴える

　判断基準というものは，判断をする際に使う理由であり，自分たちの決定を正当化するために参照するものです。そして，判断基準は，物事を分類するのに使う慣習的な水準でもあります。例えば，ミシュランガイドで五つ星をつけられるホテルに分類されるには，いくつかの水準に合致していなければなりません。このような水準が，ミシュランガイドが分類を確定するための判断基準

なのです。また，判断基準とは，日常生活での物事を評価するために使う水準のことでもあります。私が，あそこのタイレストランは素晴らしいという場合，自分の判断を正当化するとか説明するために訴える何らかの判断基準があるはずです——例えば，そのレストランの料理，見栄え，雰囲気，サービス，コストパフォーマンスなど参考にして——。

　判断する際に，不確かさや不一致があるなら，その場合に使うのに適切な判断基準について考えてみることが役に立つことが多いものです。必要な場合，子どもたちに，自分たちが使った判断基準について問いかけてみましょう。

- この人たちが友だちだってどうして（つまり，どんな判断基準で）言えるの？
- もし，ある人が石を友だちにすることができないとしたら，どうしてだろう？　つまり，どんな判断基準でそう言えないのだろう？（第6章の**クレージーケース**を参照）
- 犬と猫ではペットとしてどっちがいいか意見が一致しないようなので，私たちはそれぞれペットにどんなことを求めるいるか，その違いについて考えてみましょう。つまり，どんな判断基準が使えるか，ということです。

教室の探求で出てくる問いの中には，実際には判断規準を求めているものがどれほど多いか驚くことでしょう。一つの説明をどこまでも追い求める必要はありません。ある種の判断を選んだり，評価したり，作り上げていく時に問題に直面すれば，その都度，自分たちの話し合いを導くのに最もよい判断基準は何かを考えるようにすればいいのです。

　子どもたちには，この「判断基準」という言葉を教えて，使わせましょう。[2]年少の子どもであっても，この言葉を使うことはできます。考えるために使うツールに名前をつけておくことは重要であり，そうすることで必要な時に何を探し求めればいいのかが分かります。子どもたちは自分たちが使っている判断基準についてすぐに質問することができるようになり，自分たち自身の判断を検討し始めるようになります。子どもたちは，信頼できる判断のための基本的

なツールを使いこなせるようになるにつれて，反省的思考の発達という点で重要なステップを踏み出すことになります。

適切な区別をする

とてもよく似ているものを扱って，重要な違いを見過ごしている時には，誤解などの問題が起こります。こういう状況ではほとんど意味のない違いに目を妨げられて，本当は同じであることを見過ごしたりします。小さい子どもは，お母さんが取り乱して泣いているのを見ると，事故に遭った人が感じているのと同じ苦痛をお母さんが感じていると勘違いしてしまうかもしれません。それは，二つの苦痛には重大な違いあることに十分気づいていないからです。あの子は自分とは違った文化で育っているんだからとしか考えられない子は，その子が自分と同じ感じ方や願いを持っていることを見過ごしてしまう恐れがあります。

教室でのディスカッションでは，適切な区別がなされていることに注意しなくてはなりません。子どもが役に立つ区別を思いついた時には，その区別を活かしてあげましょう。必要な時にその区別が使われていないようならば，質問やコメントをすることで，その区別に注意を向けさせましょう。子どもたちが重要な区別を無視しているような時には，次のように手助けをします。

- この場合は，あの場合と基本的に同じことかな？
- これらのことは色々な点で同じであるとしても，違ったところを見つけることはできないかな？

子どもたちは違いや区別に注意していても，重要な類似点やつながりを無視してしまうこともあるでしょう。その時には次のような質問が役に立ちます。

- これらはまったく違うことかな？
- これらが違っているとしても，同じようなところを見つけることはできないかな？

結論を急がないこと

　私が初めてエース航空という航空会社を使い，この航空会社が私の荷物を紛失したとします。その場合，私は，このエース航空では荷物を紛失することがよくあるので，もう二度とこの航空会社は使わないと速断するかもしれません。このような私の結論は正しいこともあるかもしれませんが，その根拠は必然的なものではなく，その推論は，いわば根拠薄弱なものです。私たちはしばしば不確かな結論を引き出すことがありますが，これは特に年少の子どもたちが陥りやすい過ちです。「僕があのネコと遊んでいると，引っかかれてしまった。あのネコは悪いやつだ」とか「おじいちゃんとおばあちゃんは入れ歯をしている。年を取ったら皆入れ歯をするんだ」とか「ポケットに入れておいたお金をなくしてしまったけど，ジェイソンの机の上にはお金がある。あれはきっと僕のだ」など。

　子どもたちが結論を急いだ時には，以下のような質問をすることで，介入しましょう。

- こういうことだからこうに違いないと言ってしまっていいだろうか？
- こういうことだとしても別の場合もあると言える人はいないかな？
- こういうことの原因がこのことしかない，と言えるかな？

これは非常に重要なテーマなので，第7章の「帰納的推論」でさらに検討します。

含意を見つける

　私たちはしばしば含意を見落としてしまうことがあります。ある言明が意味するものを理解し損ねたり，話し手が意図していることを把握し損ねたり，目の前の証拠を見落としたり，自分たちの行為の結果を見過ごしたりしてしまいます。こういった場合，私たちは何らかの意味を捉え損ねたり，私たちに理解できなかった何かがあったりするのです。

　「含意」を見つけるということであっても，論理的含意，会話の中での含意，出来事や行為の含意などはまったく違った関連を持っており，それらを混同し

てはいけません。しかしながら，ここでは同じ見出しの元でまとめて論じます。というのは，こういった推論のすべてがある共通する心の枠組みによるものであり，教室での探求がそれを育成すると考えているからです。では，一つずつこれらの含意を見ていきましょう。

論理的含意

大学で教授される論理学は，通常，演繹法や論理的含意の体系を扱っています。このような体系は，子どもたちに教えるには難しい形式的推論を多く含んでいます。それでも，行為の帰結や原因に基づく結果ではなく，論理的な結果（結論）というものがあるのだということを子どもたちに気づかせることは重要です。中学年，高学年の子どもたちは，予測や説明について考える時に簡単な演繹的論理というツールを効果的に使うことができます。このような演繹的推論については，第7章の「仮説的推論」で扱います。

会話の中での含意

他人の言ったこと，命じたこと，質問したことが本当は何を言おうとしているのかを間違って推測し，正しく理解できないということはよくあります。発言の状況や声の調子などで，本当は何を言おうとしていたのかがはっきりすることもあります。「何でこのテーブルの上に牛乳瓶があるんだ？」という質問は，「牛乳瓶は冷蔵庫に入れておかなければダメだ」ということを意味しているのかもしれません。これは修辞疑問文で，質問をする人の声の調子とその状況によってこの質問の意味が明らかになることがあります。とはいっても，いつもこういうことが起こるとは限りません。異なった文化の国を旅した人なら分かると思いますが，言葉の意味だけが誤解を生み出すわけではありません。

論理的な可能性についての議論をしている時に，「まん丸な円なんか，どこで見つけることができるんだい？」とある子が友だちに言ったとしたら，それは大概，「まん丸な円なんか無いんだ」ということを言っているのです。そうだとすると，この発言が相手を混乱させたとしても驚くべきことではありません。その後，教師が「デイビッド，君はまん丸な円は無いんだと言っているのかな？」と質問をすると，「はい，だって，どんな実際の円にしたって，近づいてよく見ていたら，小さい角やふらついているところがあって，だから完

壁にまん丸ということはないんです」と，彼は答えました。デイビッドが言おうとしていたことはこれではっきりして，その後，円は定義によって丸いのか，私たちが円と呼んでいるものは本当にその定義に合っているのか，そしてさらには，実際に円というものがあるのかどうかというようなことについて面白い議論が展開されました。デイビッドの質問をはっきりさせて，この修辞疑問文の言おうとしていることをはっきりさせることがなかったら，こういったことは起こらなかったでしょう。だから，議論の中であれ，文を読んでいる時であれ，子どもたちがこのような含意をくみ取ることができなくて混乱したり当惑したりしているところを見過ごさないように注意しましょう。明晰さの必要性について前に私が述べていたことを覚えているでしょうか。覚えていれば，教師とクラスの子どもたちは，私たちの目的にとって最も重要なことに注意を払うことになるでしょう。

出来事や行為の含意

　一連の状況が何を示しているのか，子どもたちが分かるようにしてあげなければいけません。それとまったく同じように，自分の行為がどんな意味を持っているかについて子どもたちが考えるようにしてあげなければいけません。子どもたちは，自分のすることがどんな結果をもたらすことになるのかについて無頓着なように見えるので，大人が子どもたちにいらいらさせられることがよくあります。「コップの縁ぎりぎりまで入れちゃダメ！」「テーブルの端っこにコップを置いちゃダメ！」このようにいくら言ったところで，子どもたちは起こりうる結果に注意するようにはなりません。むしろ，「コップの縁ぎりぎりまで入れてしまったら，どうなると思う？」「テーブルの端っこにコップを置いたら，どうなる？」などと聞く方がまだましでしょう。つまり，自分の行為の結果について子どもたちが自分で考えるようにするべきなのです。

　物語には行為や出来事が順序立てて出てくるので，物語を読むことは，子どもたちに原因や結果について考える貴重な機会になります。登場人物がジレンマや悪いことに出くわしたり，予想できない出来事が起こったりする場合，子どもたちの注意はそれらが含意する意味に向けられます。もし自分がこのようなことをしたらどうなるか，もしこのようなことに出会ったら子どもたちなら

どうするか，どんなことをしていれば，こういったことを避けられたかなどについて話し合う機会を逃さないようにしましょう。

自分で訂正させる

　考えを探求していると，必ず間違いをするものです。間違った方向へと進むこともあるでしょうし，間違った角を曲がることもあるでしょうし，まったく道を見失うこともあるでしょう。目印を見失うことや，蜃気楼に迷い込んだり，不毛な土地にいつまでもしがみついたりもするでしょう。探求の実践をすればするほど，お互いに自分の立場を知るようになり，間違いの正し方も学んでいきます。お互いの話を聞き，別な選択肢について熟慮し，自分たちの前提とその結果について気づくようになります。振り返りができるようになっていく過程で，自分たちが正しいと思い込むことは少なくなり，誤りをしっかりと認識できるようになり，自分たちの考えを変えることが容易にできるようになります。探求というのは，自分で訂正できるようになる過程なのです。

　教室では，子どもたちが質問の仕方を変えたいと思ったら自分で訂正できるように，自分の意見を修正したいと思ったら修正できるように，自分が主張している見方を考え直せるように，促していきます。子どもたちが自分の考えを訂正しようと試みている時には，くれぐれもそれを認めてあげて下さい。そうすることで，子どもたちは自分の努力が認められ，励まされたと思います。

ディスカッションを共有する

　皆よりもたくさん発言したいという子どもがいるのは当たり前のことで，教師はディスカッションが比較的少人数の子どもたちだけに支配されてしまわないように注意します。質問を特定の発言者に向けたり，クラス全体に向けたりしないようにしましょう。適切な場合には，直接質問をして，あまり発言していない児童生徒をディスカッションに引き入れるようにしましょう。

　黙っていることが多い子どもたちが貴重な意見を持っていることもよくあります。何回かのセッションの後，あまり発言しなかった子どもが，ボードに載せるべき問いを出すこともあります。こういった子どもの問いをディスカッシ

ョンの中に取り込んでいこうとして下さい。最初の数回のセッションでは何も発言しなかった子どもが，いよいよ話そうとすることもあります。ずっと教室を見回していれば，こういったことに簡単に気づくことができるようになります。そんな子どもを見つけたら，何か発言したいかどうかを尋ねてください。

　振り返りをする時間を設けましょう。黙っている子どもがじっくりと振り返りをしているということはよくあります。そんな子どもたちのための時間を作りましょう。ディスカッションの終わりに，あまり発言しなかった子どもにコメントや振り返りをさせる時間を作りましょう。

　教師はディスカッションの中にはできるだけ立ち入らないようにしましょう。そうはいっても，探求の仲間を作り上げていく最初の段階では，自分がそうしたいと思っていなくてもディスカッションに介入せざるをえなくなっていると思います。それでも，はしごは片手で軽く支えるだけにしましょう。子どもたちが自分の発言を教師にではなく別の子どもに向けられるように，必要以上にはディスカッションに入らないようにしましょう。ディスカッションの方法が身について，基本的な動きになじんでくるにつれて，介入しなければならない機会は減っていきます。

他者を尊重する

　教室での探求に参加している人は皆，他者の考えや感情に尊重の念を示さなくてはなりません。これは，他者が言っていることに注意深く耳を傾けること，自分の順番を守ること，会話を独り占めしないことなどです。尊重が示されるのは，自分が他者のものの見方を進んで熟慮し，他者の参加を認めてあげる時です。相手の意見に同意することが尊重ではありません。相手の考えを批判することと，その人を批判することは区別しなければなりません。「ジョン，考えることと感じることには違いがあると思うよ」というのは構いませんが，「ジョン，君は考えることと感じることが違うことが分かってないようだ」と言うのはよくありません。教室でのどんな活動でもそうですが，子どもたちにこういった決まりを自覚させておくことは教師の責任です。もちろん，決まりを守るように取り計らうのは皆の責任です。

方向を保ち続ける

　会話の中では，特にどこに向かっているのか分からずに，一つの話題から別の話題へとさまよっていくことがよくあります。職員室のお昼時の会話や，社交的な集まりの中での会話を聞いて，その会話がどこへ進むかを観察してみて下さい。探求を目指している教室でのディスカッションも別な方向へと進みます。ディスカッションはある質問，テーマ，問題，考えを軸として展開し，その会話はそういったものを中心にしてなされます。例えば，友だちにとは何なのだろう，公平であるとはどんなことなのだろう，といったことについて話し合っている時に，ディスカッションがいつまでもそういったものの概念の探求をし続けることがあります。よい物語とはどんなものかとか，どうして赤ちゃんを産むのかなどを考える時に，そのような質問はディスカッションに方向を与えます。違う話題に移る時でも，それを意識してやるべきであって，移った後でそれに気づくというようなことがないようにすべきです。

　一般的に，教師はディスカッションがよく関連し合っていて，全体としてのまとまりがあるようにしなければなりません。ディスカッションの背景にあるものを見失わず，必要ならば子どもたちがディスカッションの進行を自覚できるようにすべきです。こうするには一人ひとりの発言を取り上げるようにします。

- 君が今言ったことをこれまで話し合ってきたこととつなげられるかな？
- 君が今言ったことは，皆で考えている問題を考えるのに役に立つかな？

そして，これには，ヒントを出したり，一般的な方向に関して別の方向づけを示唆することも含まれます。

- 今まで話し合ってきたことは，ジャッキーが一番初めに出してくれた質問に答えるのに役に立つことかな？

探求の締めくくりやまとめにも使います。

- 今日分かったことは何だろう？
- 前に話したことは何だったかな？

ほんの少しの努力で，教師と子どもたちはディスカッションの方向を保つことを学ぶことができます。肝心なことは，関心が続く限りテーマを保ち続けることであり，またディスカッションを前に進めようと努力し続けることです。

　ディスカッションの流れを板書しておくことは役に立ちます。色つきのマーカーや矢印を使ったり，線で結んだり，記号を使って，結びつきを表します。見出しを使って，子どもたちが出してきたことやディスカッションが進んできたことをリストにして，必要な時にはボード上で辿り直すことをさせます。

友だちってどんなこと？
　　友情の判断基準として出された意見
- 一緒に暮らすこと
　　友だちは一緒に暮らしていないことが多い。
　　一緒に暮らしているからといっても友だちであるとは限らない。
- 一緒に遊ぶこと
　ペンフレンドはどうなの？
- 違いを補い合えること
- 信　頼

　ディスカッションの焦点が変わった時に，どうやって道筋を保ち続けるかというアイデアについてもう少し細かく論じてこの章を終わることにしましょう。焦点が変わるということは，前進するためには必要な場合もあり，また初心者のグループが迷ってしまうポイントでもあるからです。

メインテーマの道筋を保ち続ける

　上に挙げた友情の例を取り上げると，授業ではまず友情の概念についてディスカッションすることから始まり，誰かを友だちと呼ぶための何らかの判断基準を設定しようとしていくとします。ディスカッションが熱を帯び，しばらくの間，信頼という観念に議論が集中するとしましょう。その間，ディスカッシ

ョンの焦点は狭まっています。その時には，メインテーマを見失ってはいませ
んが，教師はディスカッションを少し後戻りさせることが必要かもしれません。
「信頼について分かってきたことが，友だちとは誰のことなのかというディス
カッションにどういうふうに役に立つかな？」。このつながりが作れたら，ディ
スカッションは前へ進めます。ここでまた教師はこう言ってファシリテート
します。「友だちでいることの別な面はどんなことかな？」。

特殊から一般へと進める

　もう一つのよくある進行方向は，特殊から一般へ，つまり一般化ということ
です。第3章で紹介している，『不思議の国のアリス』の中の出来事に対して，
ある子どもは「どうやったら，チェシャネコがにやにや笑いだけ残して後は全
部消えちゃうなんてことがあるの？」と尋ねたとします。ここで，子どもたち
は，にやにや笑いを作っているのは何か，そしてにやにや笑いはそれだけで現
れることができるようなものなのか，と問いかけることから始めることがある
かもしれません。つまり，ディスカッションは，この種の別の事柄へと方向を
変えることもあるでしょう。手を振ること，それも手なしでただ振ることだけ
ということについて話す子どももいるでしょう。別の身振りについて同じよう
なことを言う子もいるでしょう。それだけで叫ぶ声について話す子もいるでし
ょう。声が，それだけで存在するなんてことがあるでしょうか？　考えはどう
でしょう？　考えている人が消えてしまった後に，考えだけが残るなんてこと
があるでしょうか？　ここで，子どもたちは，最初の謎を理解するために，別
の事例にまで自分たちの考えの焦点を広げていくのです。子どもたちは，ネコ
のにやにや笑いの例が問うていることを発見するのです。子どもたちは，にや
にや笑いだけが残るということを導きの例として見出して，まさに，それが何
かある事柄の一つの例なのだということを理解しかかっているのです。

　こういったことが，教師が進めていくべき進行方向です。子どもたちがにや
にや笑いのことだけにとどまってしまい，そこから先に進めないでいるとした
ら，ディスカッションを前の方に進めるようにします。「誰か何か他の例を考
えられないかな？　これだけを残して後は皆消えてしまうなんていうのは変じ
ゃないっていうような例だけど」などと問いかけることで。多くの例を探求し

てから，このように問いかけます。「こういったこと皆が変なのはなぜだろう？　皆に共通することで説明できることはあるかな？」。この方向転換で，ディスカッションはより一般的な考察に進み，最初の謎を解明する手がかりになります。

特殊から一般へ，という，このような進行は，哲学の典型です。物事に共通なものを見出すこと，物事をより大きな枠組みの中で理解すること，一般的な法則を発見すること，このような努力がより深い理解への道筋を提供するのです。

以上で，いささか長かったこの章は終わりです。それでもまだまだ言い残したことはあります。このテーマについてさらにご自分で参考文献を読むことをお勧めします。また，最初に述べたように，教室で実際に哲学的な探求の仲間を作るという経験をしてから，この章を読み直してみて下さい。自分の経験を振り返るよい機会になると思います。

注

1)　Philip Cam (ed.), *Thinking Stories 2: Philosophical Inquiry for the Classroom* (Sydney: Hale & Iremonger, 1994) 所収。

2)　「判断基準」が複数あることを忘れないようにしましょう。

3)　一般化の議論に関しては，第7章の「帰納的推論」のセクションを参照。

4)　特に私がお勧めするのは，以下のものです。Matthew Lipman, Ann Margaret Sharp and Frederick S. Oscanyan, *Philosophy in the Classroom* (Philadelphia: Temple University Press, 1980) 〔M. リップマン『子どものための哲学授業』河野哲也・清水将吾監訳，河出書房新社，2015年〕; Gareth Matthews, *Dialogues with Children* (Cambridge, Mass: Harvard University Press. 1984) 〔G. マシューズ『合本版　子どもは小さな哲学者』鈴木晶訳，新思索社，1996年に所収〕; Ronald Reed, *Talking with Children* (Denver, Colorado: Arden Press, 1983); Laurence J. Splitter and Ann Margaret Sharp, *Teaching for Better Thinking: The Classroom Community of Inquiry* (Melbourne: Australian Council for Educational Research, forthcoming 1995).

第5章　ディスカッションの計画を立て
　　　様々な補助手段を準備する

　ディスカッションは子どもたち自身が質問を出しコメントをするという形で始めるのが望ましいのですが，ディスカッションを広げたり，組み立てる助けになるように，ディスカッションの計画を準備しておいたり，補助手段として練習問題を作っておくとよいでしょう。これは，ねらいがあらかじめ書かれている教材で始める際には一つの利点となります。これらの教材は，目的に沿った練習問題や活動，ディスカッションの計画を提供してくれます。こうした教材を使うことで，ディスカッションの組み立て方を学ぶことができますし，また，こうした教材は自分で文学作品を選んで行う他の活動にも多くのアイデアを与えてくれます。そうであっても，このような補助手段がどのように機能するかを見るだけでも，教室での探求の指導への洞察を得ることもできます。ですからここで，私たちがディスカッションの計画と練習問題をいくつか見てみるのは有益でしょう。

ディスカッションの計画

　ディスカッションが一旦始まると，教師は，そのディスカッションを組み立て，焦点を合わせることを支援する必要があるかもしれません。例えば，倫理的な問題は注意深く探求する必要がありますし，ディスカッションが，もっと注意を向ける必要がある概念の周りを堂々めぐりする恐れもあります。このよ

うな状況においては，教師が適切な発問を準備しておいて，探求を導いていくことが有益です。ディスカッションの計画とは，まさに探求を導くために注意深く考えられた一連の質問のことなのです。

　ディスカッションの技量のある教師なら，ディスカッションが進行するにつれて適切な質問を考え出すということがあってもいいのですが，大抵の教師たちにはあらかじめ計画を作っておくことが必要です。子どもたちが物語にどのように反応するかを見る前に計画を立てたいのならば，子どもたちが最も飛びつきやすい考えを選ぶ必要があります。物語のどんな出来事や問題が，あるいは物語の他のどんな側面が，子どもたちの関心を引きそうであるかを考えてみましょう。最も関心を引きそうなものを2，3選んで，そこからプランを立ててみて下さい。しかし，さらに経済的な方法は，一つのセッションでは物語を読んで問いを立ててもらい，議題を決めてから，ディスカッションは他の機会で行うというものです。そうすることで，子どもたちが示す関心を見ながら計画を立てる余裕ができます。

　ディスカッション計画は，物語のいくつかの出来事，あるいは主要な考えの一つから始まり，関連する問題や概念を探求していくことになります。例として，第3章で取り上げたウィリアム・テルの物語に戻って見てみましょう。すでに見たように，物語の中心には自由の概念があり，それがディスカッションのどこかできっと持ち上がってくるでしょう。自由について問う根拠となる出来事がいくつかあります。例えば，

- ウィリアム・テルは，ゲスラーの帽子にお辞儀をしないことを選択しました。それは，彼には帽子にお辞儀をしない自由があったということでしょうか。
- 最後に，テルはリンゴを射ることを選びます。それは，彼にはリンゴを射ない自由があったということでしょうか。
- テルは，自分は奴隷ではないので帽子にお辞儀をしなかったと息子に説明しました。それは，彼が自由な人間であったということでしょうか。
- テルは，ゲスラーの舟から逃げて自由になりました。それは，彼が自由

な人間であったということでしょうか。

こういった問いによって，私たちは，どういう文脈で個人の自由を語っているかのということに議論の焦点を当てることができるようになるでしょう。そしてこのような異なる文脈を考察することで，子どもたちは，「人が自由であるということはどういうことなのか」という，さらに一般的な問いに与えることができる様々な解答を考察するように導かれていくことになるのです。
　　個人の自由は，おそらく，ウィリアム・テルの物語の中では，それほど大きなスケールでは取り上げられないでしょう。考えられる問いは次のようなものです。

- テルがオーストリア人に勝利した後，スイス人の待遇はずっと良くなりました。それは，彼らが以前より多くの自由を得たということになるのでしょうか。
- テルの死後100年経って，スイスは自由になりました。それは何を意味するのでしょうか。

これらの問いは，子どもたちに社会的，政治的自由について考えさせ，ディスカッションは，次のようなもっと大きな問いへと移っていきます。

- ある国は，別の国に支配されて，しかも自由であるということが可能でしょうか。
- ある国民が，自分たちの支配者を持ちながら自由でないということは可能でしょうか。

〔英語には日本語で「国」と訳せる言葉がいくつかあります。その中に，国土を強調するcountry，そこに住む人々の言語や文化に注目するnationという二つの言葉がありますが，〕このような探求の道筋の中で，子どもたちは，country〔国土〕とnation〔国家〕はどう違うのか，あるいは，nationはpeople〔民族，国民〕と区別するこ

とができるのだろうか，nationは他の集団と区別することができるのだろうか，そしてそうした集団〔国土，国家，民族，国民〕がどうあれ，それが自由であるとはどういうことなのであろうか，こういったことを考えることになります。たとえディスカッションが，このような問いに到達するよりもずっと前で止まったとしても，こういった一層一般的な問題に方向づけられるだけでも，子どもたちは，自由を物語の文脈の中で考えるだけでなく，そもそも人が自由であるとはどういうことなのか，自由な社会，自由な国で生きるとはどのようなことなのかを反省するようになるでしょう。このような問いの方向づけは，まさにソクラテス的と言えます。つまり，自由についての子どもたちの暗黙の了解から始め，ディスカッションを通して，その暗黙の了解を明るみに出し，明確なものにしていくように努めるわけです。

　同じように問いかけることで，子どもたちに物語の倫理的側面を探求させることもできます。例えば，テルが息子の頭に載せたリンゴを射るようゲスラーから命じられた時，テルは道徳的ジレンマに直面します。彼は息子の命を危険にさらすべきか，あるいは自由になる機会を捨てるべきか。彼はどうすべきなのでしょうか。その問題を探求する助けになる一連の問いを組み立ててみましょう。

1.　なぜウィリアム・テルはゲスラーがリンゴを射るように求めた時，最初はそれを拒否したのでしょうか。
2.　なぜテルの息子は，ゲスラーの要求に同意したのでしょうか。
3.　もしウィリアム・テルの立場なら，あなたはどうしますか。
4.　息子が同意した時，テルがリンゴを射ったのは正しかったのでしょうか。
5.　テルは，息子の命を危険にさらす代わりに，ゲスラーの手に身を委ねるべきだったのでしょうか。
6.　もしリンゴを射るのに失敗し息子を傷つけていたら，テルはゲスラーを殺してもよかったでしょうか。

読者の皆さんが，テルのジレンマを考え抜こうとした場合，いく分異なった問

いの組み立てが出されるかもしれません。私が提示した問いは，問題をかき分けて行く唯一の道を示しているわけではありません。たとえそうであるとしても，注意して欲しいのは，私が提示した一連の問いは，議論の流れを，どうして登場人物はそのような決断をし，行動を取ったのかという理由を考えさせるところから，テルと同じような状況に陥った時，自分ならどうしただろうか，どういう行動を取れば正しかったのか，あるいは正しくなかったのかということを自分で考えさせるように仕向けているということです。言い換えれば，私が提示した一連の問いは，議論が徐々に倫理的な領域へと移っていくようにしているのです。

第4章で述べたように，教室での探求は，通常は特殊から一般へと移っていきます。例えば，物語のある登場人物はなぜ本当の名前を名乗らないのかと問いかけることから始めて，名前がある人の本当の名前になる条件は何かと問うことへと移り，何かが本物であるのはどうしてだろうということをほんの少し垣間見て探求が終わるということになります。ディスカッションは哲学的なものへと引きつけられていきます。子どもたちを思考させ，しかも最後まで子どもたちの興味を持続させるものは，まさに深く考えれば考えるほど一般的になる哲学的問題なので，こうした種類の動きは奨励されるべきもので，よいディスカッション計画はこの過程を進めていくのに役に立ちます。

一つ例を見てみましょう。ゲスラーは，スイス人は彼の帽子に頭を下げなければならないという命令を下したわけですが，テルは従うことを拒否します。この出来事を使って，子どもたちが命令に関わる権利や義務について考えられるような一連の問いを作ることができます。問いは，登場人物の動機から，状況における彼らの権利や義務へと移り，そして服従の義務と不服従の権利についての一般的な問いへと移っていきます。

1. なぜゲスラーは，人々に自分の帽子に頭を下げさせたのだと思いますか。
2. なぜテルは，帽子に頭を下げるのを拒否したのでしょうか。
3. あなたなら，帽子に頭を下げるのを拒否したでしょうか。
4. ゲスラーは，そのような命令を出す権利があったでしょうか。

5. テルは，その命令に従う義務はあったでしょうか。

6. どんな場合に人々は，命令に服従する義務があるでしょうか。

7. どんな場合に人々は，命令に服従しない権利があるでしょうか。

　よく考えられたディスカッション計画では子どもたちが問題について考えるように仕向けるということが特徴として挙げられます。なぜなら，そのような問いにはあらかじめ定められた解答はないからです。子どもたちは問いによって真の探求の機会が与えられ，様々な考えを探求し，熟考することができるのです。子どもたちをこのようなディスカッションに導いていくことで，私たちは道徳教育に貢献していることになるのです——道徳的な指導ではなく，探求を通して，子どもたちはこのように複雑な問題を一層よく理解し，自覚するようになるのです。ウィリアム・テルのような物語から起こる社会的・政治的問題を，子どもたちにディスカッションさせることによって，私たちは社会科の教科内容の奥深くまで子どもたちを導くことができます。適切な教材が手許にあれば，他の教科でも同じことができるのです。

練習問題とアクティビティー

　ウィリアム・テルの物語へと至るこの哲学的な序曲を続け，物語に含まれるさらに深い問題のうちのいくつかを子どもたちの経験につなげるための練習問題をどのように考案するのかを見てみましょう。専制政治を例に取り上げましょう。子どもたちにこのようなことを考えさせるためには，子どもたちにとって身近なものを利用するのがいいでしょう。幸運なことに，絶対的支配としての専制政治，すなわち無情で抑圧的な政府は，すべてではないとしても，ほとんどの子どもたちの経験範囲を超えています。いずれにしても，恣意的あるいは抑圧的な権力行使としての専制政治は，多くの人々にとって非常によく知られています。ですからおそらく，専制政治という政治的状況に十分類似していて，子どもたちが最初の探求の基礎として使うことができるような物事を，子どもたちの多くの経験の範囲内に見つけることができるでしょう。この課題を

こなすための練習問題がここにあります。これはコピーを取って、クラス全体のディスカッションに直接利用できますし、まずは小集団の予備的なディスカッションの導入に使ってみることもできます。最初は個人で考え、それからクラスでディスカッションすることができる問いもいくつかあります。

概念の探求：専制君主のように

物語の中で、ウィリアム・テルはゲスラーやオーストリアの支配者たちを専制君主と呼び、ゲスラーは不正で無情な人物として描かれています。テルの物語から読み取ったことをもとにして、次のような場合には人が専制君主のように振る舞っていると言えるかを考えてみましょう。場合によっては、どちらとも言えないかもしれません。どれかに○をつけましょう。おのおのの事例について、あなたの解答の理由を説明することができますか。

	専制君主の ようだ	専制君主の ようではない	どちらとも 言えない

1. 街の少年たちはクラブを作ったのですが、私はもういやになりました。ピーターが自分でリーダーになり、自分の思い通りにするよう皆に無理強いしたからです。
2. マリアは、いつも自分の妹にいばり散らしています。
3. 私たちの先生は、グリムショー先生です。先生はとっても厳しいんです。
4. アニータは、スーパーマーケットの上司が好きではありません。上司は彼女をものすごく過酷に働かせるし、給料はほとんど支払いません。
5. ローリーは、学校に行く前に毎日、自分の犬を裏庭の柱につなぎます。
6. ビルの父親は、ビルが言われた通りのことをしないと、ビルをよく叱りつけます。

このような練習問題によって，専制君主という言葉を語彙の中の一つの言葉として扱うことを超えて，おそらく類似した事例を一つに集めたものであるという観点を持つようになり，そこから一つの概念の探求へと移っていきます。私が「おそらく類似した」と述べたことに注目して下さい。というのも，ディスカッションのために挙げた事例のすべてを類似したものとして一つにまとめることなど明らかにできないからです。事例のうちには概念の境界線上にあるものもあり，そこでは，何を語ればいいのかはそれほどはっきりとはしていません。このような事例は，その概念の境界が不確かで，ひょっとしたら問題を含んでいるかもしれないということを示していますし，さらにまた意味の探求を要求しているということを示してもいます[1]。練習問題がこのような特色持っていれば，その練習問題が私たちの教育の目的に合っているということを保証してくれます。子どもたちが確信を持てない事例——そこでは，互いに意見がなかなか一致せず，他の子が何を言っているのか考えなければならず，自分の意見を再考し，ディスカッションが進むにつれて，自分の意見を変えることになるかもしれない——を含めることによって，私たちは子どもたちの思考を促すことができるでしょう。

　概念を探求するための練習問題によって，子どもたちは，自分たちが使っている語彙の中の複数の言葉の間には関連性があるのだということを理解することができるようになるのです。次ページの練習問題は，子どもたちにそのような関連づけをさせるように作られたものです。ここでは**自由である**と**自由でない**という見出しがつけられています。この練習問題は，私の設計では，クラスでのディスカッションを受けて，一人で取り組む作業のために準備されたものです。

　このテーマで別の形としては，子どもたちに自分で文を作るように指導し，それから協力して類義語を探す作業をさせることもできます。これは第6章の**スワップ SWAP**という項目で説明します。概念の対立を探求する助けとなるツールとしては，同じ章の**ダンベル DUMBBELLS**を参照して下さい。

　子どもたちの思考をさらに育成したいのなら，子どもたちが推論の習慣を身

概念の対立：自由であると自由でない

　下の各文は，ウィリアム・テルの物語に関連するものです。あわせて語句のリストが挙げられています。おのおのの文と，その文中の下線部に置き換えられる最も適切な語を線で結びなさい。

スイスは，かつてオーストリアに<u>支配されていた</u>。	解放される
スイス人は，<u>自由になれる</u>時を待ち望んでいた。	無理やり連れて
テルは，祖国をオーストリアの支配から<u>自由</u>にしたかった。	捕　虜
ゲスラーは，すべての人が彼の帽子に頭を下げるよう<u>命令</u>した。	解　放
テルは，<u>囚人</u>として捕われた。	縛られて
ゲスラーは，もしテルがリンゴを射ることができれば彼を<u>自由にする</u>ことに同意した。	統治されて
	鎖から解放された
テルは，重い鎖で<u>つながれていた</u>。	要　求
テルは，舟に<u>引っ張って</u>いかれた。	束縛から解き放す
テルは，<u>自由の身</u>となった。	独　立
スイスは，ついに<u>自由</u>を得た。	

　次に右側の語のリストを，「自由な」と「自由でない」の見出しの下に分類しなさい。どちらか確信がない場合は，疑問符のところに入れなさい。

自由である	**自由でない**	**？**
解放される	無理やり連れて	統治されて
解　放	捕　虜	要　求
鎖から解放された	縛られて	
束縛から解き放す		
独　立		

につけるようにしなければなりません。例えば，結論を考えてみる，前提を明らかにする，そして，行動と状況から動機を推論するといったことです。この目的を持った練習問題は，容易に物語教材から引くことができます。ウィリアム・テルの物語を使えば，子どもたちに次のような行動に対する最もふさわしい理由を考えさせることによって，動機を推論する練習問題を作り出すことがすぐにできます。

- ゲスラーは，スイス人に彼の帽子に頭を下げさせた。
- ゲスラーは，テルにリンゴを射るように求めた。
- テルは，リンゴを射ることを拒否した。
- テルの息子は，ゲスラーの難題に同意した。
- テルの息子は，まっすぐ立ってじっとしていた。
- ゲスラーは，自分の兵にテルを捕らえるよう命じた。
- ゲスラーは，テルに舟の舵取りをするように命じた。
- テルは，ゲスラーを殺した。

こういった練習問題は，高学年の子どもたちのためにディスカッションの後で行う作文活動としても使うことができます。

　最後に，哲学的探求のためのツールは，広範囲に応用できるので，社会，科学と技術，文学，保健といった教科の思考を促すことができるだけでなく，各教科の架け橋を提供することもできます。これまでは社会科に焦点を合わせていましたが，今度は美術での活動に焦点を合わせて，ウィリアム・テルの物語に基づいて区別をつける練習問題を例に取りましょう。物語からいくらでも主題を選ぶことはできますが，私が最も好きなのは誇りです。

　誇りについては，色々な言い方があり，物語の中にもいくつか見ることができます。スイス人は，自国の国民的英雄に対する誇りをますます高めつつ，彼について語ると言われています。英雄は彼らの喜びなのです。ゲスラーも誇りに満ちていると言われます。子どもたちは，彼は自惚れ屋だと言うかもしれません。私たちは，彼は傲慢だと言うでしょう。そして，ウィリアム・テルは，ゲスラーの帽子の前を大股に歩く時，誇り高く顔を上げていたと描写されます。テルは自分の価値を知っていて，ゲスラーの帽子に頭を下げることで自らを貶めるつもりはありません。ここで，子どもたちに誇りが言及されている箇所を探させて，誇りがそれぞれの場合に異なっているかどうかディスカッションさせることができるでしょう。また，誇りに関する架空の事例を用いて，何かに喜びを感じること，自惚れること，そして，自分の価値を知っていること，を

区別をつける：誇り

　次の各文は誇りについて語っています。その誇りは各文の下に書かれた見出しとどのように関連するでしょうか。それぞれの見出しに○をつけましょう。二つ以上の見出しに入る文もあるかもしれません。

	何かに喜びを 感じる	自惚れている	自分の価値を 知っている

1. イザベルは，自分の仕事に誇りを持っています。
2. 嘘をつくことは，自慢できることではありません。
3. スティーヴンの忍び笑いは，シルヴィアの誇りを傷つけました。
4. パグは，子犬三匹の母親であることを誇りにしています。
5. マシューは，プライドが高すぎて自分の間違いを認めることができません。
6. 自尊心を抑えなさい。
7. ジョヴァンニは，彼の母親の自慢の種です。
8. ペネロペは，大いばりです。

区別させることもできるでしょう。上の練習問題を参考にして下さい。

　誇りの問題について考える機会が子どもたちに与えられ，区別をいくつか行い始めたなら，次に挙げるものから一つを選ばせて，絵を描かせてみるわけです。無情で残酷で，誇りに満たされたゲスラー，ますます高まっていく誇りをもって称揚されるスイスの国民的英雄としてのウィリアム・テル，ゲスラーの帽子の前を大股に歩く時誇り高く顔を上げているウィリアム・テル。その後で，子どもたちの作品についてディスカッションさせ，それぞれ異なった形の誇り

がどのようにして絵で表現されるのかを探求させてみるのです。

　ディスカッション計画と練習問題へのこの小旅行は短いものではありましたが，計画を立てれば，どのようにしたら特定の概念にディスカッションの焦点を合わせることができるのか，あるいは問題を探求する手助けをどうすればできるのか，ということについての着想を手に入れてくれたのではないでしょうか。そして，概念の境界線を探求する，概念を結びつける，理由を考える，推論する，区別をつけるといった活動のために練習問題をどのように作成することができるか，ということについての着想も手に入れてくれたと思います。この章の最初で述べたように，ねらいがあらかじめ書かれている教材を使って経験を積むことの利点は，教師がこのような補助手段にさらに精通するようになるということです。

　自分で選んだ教材を使っているのならば，第3章で提案したような仕方でその教材に取り組み，ディスカッションを行う前に，主要な概念について問いを一つか二つ作り上げてみて下さい。少し考えれば，役に立つ問いをいくつか考え出すことができるでしょう。そして訓練すれば，さらに上手になっていくことでしょう。練習問題をいくつか考案する時間があれば，それに取り組んでみるのもいいでしょう。そして，ここでも，続く二つの章で説明するツールが役に立つはずです。

注
1)　哲学的探求へと誘うような概念は，典型的にはこういったものだと言えます。第6章では**ターゲット　TARGET**という思考のツールが登場します。**ターゲット**は，特に子どもたちが概念の境界線を探求する時に役立つよう作られています。

第III部
考えるためのツール

第6章　概念のツール

　よい思考とはある種の技法であり，ツールを繰り返し使うことで完成される
ものとは言えないかもしれません。しかし，私たちは皆ツールを必要とするの
であって，それも効果的に考えるために必要とするのです。調理の技法を学ぶ
のと同じように，考える技法を学ぶ人たちはいくつかの基本的なツールとツー
ルの適切な使用法の訓練を必要とします。最も完成された料理人はこの方法で
学んだのです。そして，それは思考についても同じだと言えるでしょう。

　この章ではカテゴリーに基づいて思考する簡単なツールをいくつか扱います。
これらのツールは，概念を探求し，自分の言葉を定義し，物事を分類するため
に必要となります。ほとんどのツールがまずはグループワークやクラスでのディ
スカッションのために作られていますが，個人ワークで使うこともできます。
子どもたちが哲学的に探求するための自分なりの方法を見つけていくにつれて，
ツールにいくらか習熟した教師はツール導入の機会がたくさんあることに気づ
いていくことでしょう。といっても，ツールを導入する順序が決まっているわ
けではありません。その瞬間の目的に役立つことがツールを導入する一番重要
な基準です。また，一度に一つずつツールを導入することをお勧めします。子
どもたちが一つのツールに習熟してから，別のツールを導入する機会を探るよ
うにするのです。この章が進むにつれてそれぞれのツールの目的が説明され，
教室でそのツールがどのように機能するかが示されることでしょう。

概念を探求する

　概念は知的な意味で知ること，理解することを可能にします。概念は言語を支え，知覚と行動の両方を伝えるのです。このことは次の例によって理解することができます。5歳までトマスは誇りを持つことがどういうことなのか，ほとんど理解していなかったとしましょう。そのために彼は他の子どもの顔に書き込まれた誇りを読み解くことができないだろうし，自分の努力に誇りを持つことができず，誇りがいつでも美徳であるわけではないこともきっと理解できないはずです。トマスにとって「誇り」という言葉は明確な意味を持っておらず，使える語彙の一部ではないでしょうし，トマスはその言葉を使って文を作るのに困難を覚えるはずです。

　人々の思考と行動は，その人が持つ概念の豊富さ，多様さ，整合性，統合性を映します。概念に多様さが欠けている程度に応じて，思考は制限されるのです。概念の構造が未熟であれば，思考は未熟になり，概念に整合性が欠けていれば，思考は概念的に混乱したものになります。そして，諸概念のうちに確固とした結びつきを作ることに失敗しているなら，さらに複雑な意味を理解することなどできません。誇りの例にもう一度戻りましょう。大人として，私たちは皆，もちろん誇りを理解しています。そして，トマスとは違い，誇りがいつも美徳にはならないことを知っています。しかし，私たちはウォルター・スコット卿による以下の数行の意味を十分に理解するほどには「燃え上がる誇り」が何を意味するのかを明確には理解していないかもしれず，その誇りを他の心理学的な態度や人々の感情に結びつけることができないかもしれません。

　非業の死に対する深い復讐の念が
　心やさしい悲しみの源を閉ざし，
　燃え上がる誇りと気位の高さとが
　こみあげる涙がこぼれるのを抑えていたからだ。[1)]

きわめて洗練された概念を持っていないならば，こういった言語を理解できず，ましてやこういった言語を使うことなどできません。

担任の教師はカリキュラムのすべての領域で子どもたちの概念的な発達を促さなければなりません。ですから，慣れた教師はいつでも概念を作る機会を有効活用しようとするものです。しかし，概念を様々な学習領域で取り扱うだけでなく，概念的な発達を促す，ある種の知的な習慣へと子どもたちを導くこともまた必要になります。概念をいくつか教え込むだけでは十分ではありません。子どもたちが概念を獲得し，概念を拡張する能力を高めることもまた必要とされるのです。これから紹介するツールはその目的を考慮して作られています。

概念についての能力は基本的には生まれ持った能力の問題なので，概念的な課題をこなす能力を向上させるためにできることなどほとんどないと，広く考えられています。しかし，これは間違いです。ちょうど記憶の補助として日記をつけることを学ぶように，概念を補助する方法を学ぶことはできるのです。日記によって，つけていなければ忘れてしまうような物事を覚えておくことができます。そして，概念の補助を学べば，概念をつかむ力がより大きくなるのです。教師は皆，児童生徒の生まれ持った能力に貢献はできないのかもしれません。しかし，児童生徒にツールを与え，ツールを使う習慣をつけてあげることで，児童生徒の能力を最大限に活用することができるのです。

概念を説明するために私は五つのツールを用意しました。簡単に言及できるように**ターゲット** (*TARGET*)，**クレイジーケース** (*CRAZY CASE*)，**スワップ** (*SWAP*)，**ブリッジ** (*BRIDGE*)，**ダンベル** (*DUMBBELLS*) と名づけています。この名前を教室で使うことで，子どもたちはツールを識別するタグを得ることになります。しばらくすると子どもたちはディスカッションの中でどのようにツールを使うのかを知るようになり，「ここではクレイジーケースだね」「ターゲットを使ってみよう」と言うようになることでしょう。

ターゲット

ターゲット[2]は以下の対話のように，子どもたちがある概念の性質に確信を持てないでいる時，概念の境界線が曖昧で，不確かなので意見が一致しなかった

時に使うツールです。

> **ジーノ**：アッタマイーイ王女はきれいとは言えないだろうね。
> **ベリティー**：たぶん王女はかわいいんだよ。
> **ギャリー**：王女が魅力的だって言うことはできないのかなあ？
> **ヘルガ**：魅力的ってきれいとほとんど同じじゃないの？
> **アマンダ**：たぶんだけど，魅力的はかわいいの方に近いんじゃないかな。

ターゲットでは，概念についての言葉の集合を作るために語彙を集めます。そして，その言葉の境界を探り，基準に訴えて意見の不一致の解消を目指します。ターゲットは，善，真，美，公平，権利，人格，可能，現実，存在，知といった哲学者たちの注意を引くほとんどの概念に適用することができます。

手　　順

1. ターゲットを使う概念を形作っている言葉をできるだけたくさんクラス全体で考えさせます。このステップはディスカッションなしで素早く行うようにした方がいいでしょう。子どもから出たどんな言葉も排除せず，出た順にそれぞれの言葉を黒板に書いていきます。教師が注意深く選んだ言葉を一つ，二つ加えておくと，役に立つはずです。

2. クラスを二人一組のペアに分けて，それぞれのペアに二つの同心円以外には何も書かれていないターゲットシートを渡します（シートを渡す代わりに，二つの同心円を子どもたちに書かせることももちろん可能です）。次の図にシートの例が示されています。黒板に出された言葉が，適切な円になるようにペアで記入させます。どうしようか迷ってしまう言葉はすべて，はてなマークが書かれた輪の中に記入します。もし絶対にその概念に属することがないと思える言葉があれば，二つの同心円の外側に記入させるようにしましょう。

3. クラス全体でのディスカッションに向けて，はてなマークの輪に書いた方がいいと誰か一人でも考える言葉を準備します。クラス全員でそうい

った言葉を分けるために，黒板に書かれた言葉の一覧をくまなく調べていきます。黒板にターゲットの円を書いて，問題を含んでいる言葉をはてなマークの輪に書き入れます。

4. 次にディスカッションすべきなのは，そういった言葉をそのままの場所に置いておくのか，中心の円に移動させるのか，あるいは外側に出してしまうのか，いずれにせよその理由を明らかにし，評価することです（その理由には，例，反例，定義といったものが含まれます。定義はこの章の次の節の中で議論されます。反例については第7章を参照して下さい）。

例

ターゲットの概念が「知識」の場合

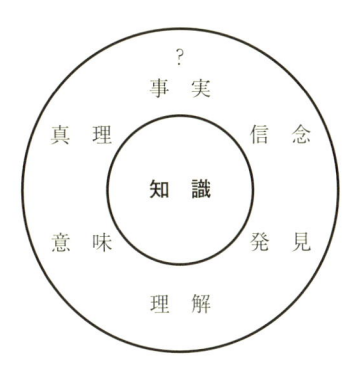

ステップ3の最後に，上記のような言葉がはてなマークの輪の中に書かれて終わっていました。以下が，それに続くディスカッションを要約したものです。

レベッカ：発見するっていうのは何かを知ったっていう意味だよね。だから発見は知識の円の中に入ると思う。[レベッカは定義を使っています。]

スコット：信念は二つの円の外側に書かれるべきだ。知識と同じものだとは言えないと思う。地球は平らだって昔の人たちは信じていた。でも，後になってそうじゃないって発見した。だから，何かを信じているってだけじゃあ，それを知ってるっていうことにはならない。[スコットは信念が知識ではないと

主張するために反例を使っています。]

リディア：私はスコットと完全には同じじゃない。ある人の信念は真実になることだってあるし，その時に私たちはその人はそれを知っているっていうと思うの。例えば，地球が丸いって知ってるみたいに。これって真実の信念だと思うの。私たちが知っているものって，私たちが信じていて，しかも真実であるようなものなんだわ。[リディアはここで定義を使っています。] だから，私は「信念」はこの場所においておくべきだと思うし，知識につながっていると思う。

アマンダ：理解は知識に属してる。僕がある言葉を理解したなら，僕はその言葉の意味を知っていることになる。[アマンダは例を使っています。] 二つは同じことなんだ。

ユージニオ：僕もアマンダに賛成だね。何かを理解したなら，その意味を知ってることになるし，何かの意味を知っている時には，それを理解しているってことになる。

クレイジーケース

クレイジーケース[3]では，ある概念を適用するには，ありえない，奇妙な，あるいは不可能なケースを考え出すことになります。というのも，奇妙な例，あるいはおかしな例は普段，概念を適用する時に使っている基準を見つけるのに役立つからです。**クレイジーケース**は，子どもたちがそういった基準を明確にする必要がある時にはどんな時でも，導入することができます。例えば，

トム：僕ね，置き時計と友だちになった人を知ってるよ。
カトリーナ：公園にね，石でできた人がいるんだ。

トムのケースは友情という概念を際立たせ，カトリーナのケースは人間という概念を取り上げています。ひとたび子どもたちがこの方法を理解すれば，すぐに自分自身で使ってみようとすることでしょう。

手　　順

1.　問題になっている概念を適用するには，おかしくて，馬鹿らしいケース
　　を考えさせます。

2.　次に，クラス全体にその例の何がおかしいのかを言わせていきます。ディ
　　スカッションが進んでいくのに合わせて，子どもたちの理由を黒板に
　　書いていきます。

石でできた人の何がおかしいのでしょうか？
- 石は生きてない
- 石は考えることができない
- 石は感じることができない
- 石は……しない

このリストは概念を適用するための理性的な基準をいくつも与えてくれる
はずです。つまり，このリストには概念が適用されるものが持っていなく
てはならない，持っていてはならない，通常は持っているはずの，たくさ
んの特徴や性質が含まれているということなのです。あるケースがおかし
いことに同意してくれない人が現れても驚かずに，どんな争点でもそれに
ついて引き続きディスカッションしてみましょう。

スワップ

スワップは，一つの言葉が異なった文脈の中で使われる時に持つ意味の広が
りを見つけるための方法です。このツールによって，子どもたちは複数の言葉
の間の概念的な関係に深く注意を払うようになります。**スワップ**では問題にな
っている言葉を使って文を作り，その言葉と交換できる同義語を探します。**ス
ワップ**を使う時には豊富な用例のある言葉を選ぶことを忘れないようにしまし
ょう。以下に，いくつか例を挙げておきます。賛成する，ケアする，つながる，
違う，自由な，よい，心，考える，間違っている。

手　　順

1. **スワップ**では児童生徒に言葉を組み立てていくようにさせるのはよい考えです。そこで，同じ語幹を持ち，児童生徒が使うことのできる言葉のリストを作ることから始めましょう。自由な (*free*) の場合には，自由になる (*freed*)，自由に (*freely*)，自由 (*freedom*) などがリストに入るでしょう。黒板にこれらの言葉を書いておきましょう。

2. すべての児童生徒に，リストにある言葉を一つ以上使って一つの文を作らせます。

3. ここでクラスを小さなグループに分けて，グループの中でそれぞれが作った文に元の言葉と交換しても文の意味が概ね変わらない言葉，語句を探します（言葉の交換がうまくいっているのかを判断するいいテストは，元の言葉の場所に新しい言葉，語句を入れた文に書き直してみることです。このテストは骨の折れる作業になることでしょう。ですから，教室をぐるぐる回ってディスカッションに助けが必要だと思ったら声をかけてあげましょう。この作業はコンピュータを使ってやらせてみるのもいいかもしれません）。

4. クラスを元の形に戻して，児童生徒が見つけた交換できる言葉をすべて報告させます。ディスカッションがうまくいっていたのか，教師自身もここで判断を行います。そして，うまくいった言葉の交換をすべて黒板に書いておきましょう（黒板にいくつか難しい問題を含む文を書いて，2，3日の間考える示唆を与えることもできるでしょう）。

5. 見つかった言葉の中で興味深いグループ分けができる時があります。ですから，見つかった言葉の中につながりや区別があるかどうかを子どもたちにしっかりと考えさせておきましょう。

例

「違う (different)」の場合

言葉のリスト：違う (different)，違いがある (differ)，違っている (differing)，違った (differed)，違い (difference)。

1. 猫は犬とはまったく違う (*different*)。(似ていない)

2. 王妃はそれぞれの行事に違う (*different*) 王冠をかぶる。(別々の)

3. ジャックの成長が早かったので，おばあさんはジャックが訪れるたびに違い (*difference*) を見つけた。(変化)

4. あなたと弟はなぜいつも意見に違いがある (*differ*) の？(一致しない)

5. 違う (*different*) シャツを着るべきだよ。それは汚れてるから。(別の)

6. 私の姉は唇にピアスをつけ始めた。何て普通と違う (*different*) んだろう！(普通ではない)

7. バングルさんの足はそれぞれサイズが違う (*different*)。(同じでない)

ブリッジ

ブリッジは語彙を洗練する助けになり，子どもたちの一層正確な判断を促します。このツールは二つの極を持つすべての概念に使うことができます。温度 (熱いと冷たい)，大きさ (大きいと小さい)，美しさ (美しいと醜い)，感情 (嬉しいと悲しい) といった概念のスペクトラムの両極の間に，子どもたちは自分の語彙を使って橋を架けるのです。**ブリッジ**はある概念の両極を探求する必要がある時に，クラス全体のディスカッションのために使われると言えますが，小グループで行う活動で使うこともできます。言葉をカードに書いて準備しておいて，各グループでカードを並べて橋ができるようにさせるのです。

手　順

1. 黒板の両端に，極に来る言葉を書き，両端を結ぶ線を描きます。子どもたちにこの概念の尺度に名前をつけさせます。気をつけないといけないのは，その概念の尺度の両端には (熱いと冷たいのように) 実際に反対のものが書かれるようにし，(猫と犬といった) 慣習的に反対だと考えられているものは書かせないようにすることです。

2. ここで子どもたちに線に沿ったどこかに入る言葉を出させます。新しい言葉が出てきたら，すでに出された他の言葉の間のどこに入りそうなのかを言うようにします。これにはディスカッションが必要かもしれませ

小グループの活動では，ブリッジを作るために，あらかじめ準備しておいたカードが
使われます。

　ん。クラス全員から言葉が出てこなくなるまで続けます。両端に書かれ
た言葉が最後まで尺度の一番端にあるとは限らないことを，子どもたち
に思い起こさせる必要もあるかもしれません。

例

　速さという概念の場合

電光石火の如し	
ロケットのように	
競争する	
スピードを出す	
走　る	
早　足	
大急ぎ	
急　ぐ	
行進する	
歩　く	
とぼとぼ歩く	
ぶらぶら歩く	
のろのろ歩く	
蝸牛の歩み	

遅い　　　　　　　　　　　　　　　　　　　　　　　　速い

<h1 style="text-align:center">ダンベル</h1>

ダンベルは，両極を見ることによって概念への気づきを得る単純な装置です。このツールは，**ブリッジ**が使えるような，どんな概念の両極についてでも作ることができます。子どもたちが自分たちの語彙と概念の集合を結びつける助けになるように使ってみましょう。

手　　順

1. まず（**ブリッジ**で行った）ディスカッションの中で登場した両極から始めます。今回はその両極をダンベルの輪の中に書き入れるだけです。
2. ここで，すでに図の中にあるどちらかの言葉と意味が似ている別の言葉がないか，子どもたちに考えさせます。言葉が出されたら，その言葉とは反対のことを意味する別の言葉を思いつく人がいないかを尋ねると，しばしば役に立ちます。その言葉をもう一つの輪に書き入れましょう。言葉が出てこなくなるまで続けます。

例

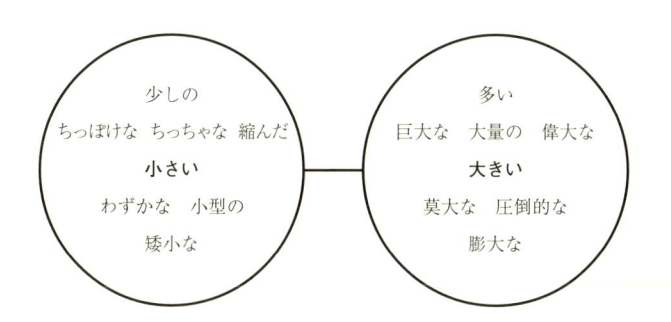

定 義 す る

私たちはしばしば，形式的に言葉を定義できなくても，適切に言葉を使いま

す。普段の会話で言葉を確実に使い，その言葉で適切に文を作る人は，ほとんどの目的に適うようにその言葉の意味をつかんでいると言えます。それでもやはり，自分の言葉を定義する必要がある時もあります。例えばしっかりと定義された言葉が必要とされるのは技術的，科学的な目的のためであり，医学や法学といった専門的な分野においてです。日常の議論で，ある事柄について人々がお互いに誤解し合い，行き詰まってしまうのは，定義を明確にし，お互いに同意した上で，言葉を使ってないからなのです。さらには，自分の目的のために言葉を操作し，軽率な人たちを欺いてしまうことまであります。政治家や不動産業者はこういった仕掛けの主導者として定型化されていますが，時には，ほとんどの人がこの仕掛けに訴えます。言葉を定義する方法を知っている人は，そういった策略に出会った時に批判的に対処する度合いが高いと言えるでしょう。

　ですから，児童生徒に辞書の使い方を教えるだけでなく，言葉の定義の仕方もまったく同様に教えるべきなのです。言葉を定義する方法を学ぶことは，定義自身を学ぶことと同じではありません。定義するとは分類することであり，それには集合の間の関係を識別する必要があります。最もシンプルなケースでは，定義は部分的に重なった二つの集合を，問題になっている言葉がいずれの集合の要素にもなっていることを指し示すような仕方で，特定します。一つはより大きな集合であり，つまりは類 (*genus*) のことで，似たような種類の物が属しています。もう一つは，問題になっている物を類の中の別の事物から区別する特徴——時に種差 (*differentia*) と呼ばれるのですが——を含む集合のことです。例えば，アリストテレスは人間を理性的な動物だと定義しました。人間は，まず何よりも，動物というより大きな集合——これが類です——の成員であり，ついで理性的なものでもあるということになります。そして，理性的であることこそ，アリストテレスが私たちを他の動物から区別するために用いた性質——つまり種差——なのです。もちろん，アリストテレスの定義が唯一，可能なものというわけではありません。

　物は複数の集合に属し，複数の性質によって集合の他の成員から区別されることを知っておくのは大切です。よい定義とは，それゆえ，問題になっている

物を取り出す定義であるだけでなく，そういった物について本質的な何かを示す類や属性に言及しているものなのです。例えば，羽のない二足動物というプラトンによる人間の定義について考えてみましょう。仮に，この定義による類と属性が他のすべての物から人間を選び出すのに十分だとしても，この定義は一つのジョークのようなものにすぎません。というのも，羽がないということは，私たちを他の二足動物から区別する本質的な特徴にはなりえないからです。

　本質的な属性を示せない失敗の他にも，定義をだめにしてしまう失敗がたくさんあります。その一つに，定義が広すぎるということがあります。その時，定義は言葉が示す物とは異なった物を含むことになります。もしも，湖を陸地に囲まれた大量の水と定義したとすると，内海も含んでしまうので，これは広すぎる定義だということになります。同じように，定義が狭すぎるということがあります。その時，分類されるべき物を含むことができなくなります。私が持っている古い社会科の教科書は，商業的農業とは売るために作物を育てることであると定義しています。この定義は狭すぎて，この定義では，例えば，酪農家が除外され，商業的な消費のために家畜を育てている他の農家も除外されてしまうことになります。

　もう一つ，定義が避けるべきことは否定を用いることです。プラトンの定義はこの理由からも欠陥があるものだと言えるかもしれません。人間には羽がないという定義は，人間がどんなものではないかを述べています。それが何であるのかを知りたいというのに。欠けているものを述べて定義することは普通ではありませんが，それが適切な場合もあります。例えば，不公平，無意味といった明確に否定を含む言葉や，浅はか，独身者といった明確ではなくても否定を含んでいる言葉の場合です。

　定義は循環すべきではありません。誰が見てもはっきりと循環していると分かるのは，定義しようとしている概念をまさにその定義の中に持ち込んでしまうことです。公平さを仲間に対して公正であること，または公平であることと定義するなら堂々めぐりのようなものへと歩みを進めてしまうでしょう。公平さを定義しようとしているというのに，定義の中に公平であるという概念を導入してしまっているのですから。もし互いを参照するように言葉を定義するな

ら，別の状況であったとしても，まったく同じ問題に衝突することになります。例えば，シブリング〔sibling，英語で兄弟姉妹を表す言葉〕を兄弟（brother）か姉妹（sister）のことと定義するとしましょう。しかし，兄弟を男のシブリングと定義するとしたら，こういった堂々めぐりに陥らずにいることなどできません。この場合には，兄弟を同じ両親を持つ別の男性のことと定義しておく方がいいでしょう。辞書の定義はこのような堂々めぐりに陥っている時があります。変異の（*deformed*）はいびつな（*misshapen*）で定義され，いびつなは変異ので定義される。ここでは同義語を交換することが問題を生むのです。

　最後に，定義を作るためには漠然とした，曖昧な表現の使い方をよく見て，比喩的な言葉を避ける必要があります。定義を作る時には表現の意味が定義される言葉よりも明確になるようにします。定義される言葉よりも明確でない言葉を導入する余地などありません。定義は文字通りの同一性を求めるのに対して，比喩表現は物同士がいくらか似ているといった表現されていない側面に依拠するため，メタファーやアナロジーは定義にはそぐわないのです。

　良い定義の特徴について考察したので，子どもたちが教室で使うことができ，言葉がどのように定義されるのかを理解する助けになるツールにそろそろ戻りましょう。

ディファイン

　必要に迫られ，定義を作る時には**ディファイン**を使います。まず，ちょうどいい類を選び，次に定義しようとする物を制限する本質的な属性を探します。最後によい定義の基準に即して行ったことをチェックし，必要であれば変更を加えます。

　類や種差といった用語を子どもたちに導入しようとするよりも，それを表す重なった二つの円を扱うようにしましょう。類の円は**ジェネラルサークル**と呼び，種差を生む性質の円は**スペシャルサークル**と呼びましょう。二つの円が重なっている部分には，定義しようとしている物だけが入るようにします。以下に，単純な例を扱った際のサークルのお勧めのレイアウトを示しておきます。

ディファイン：子猫の場合

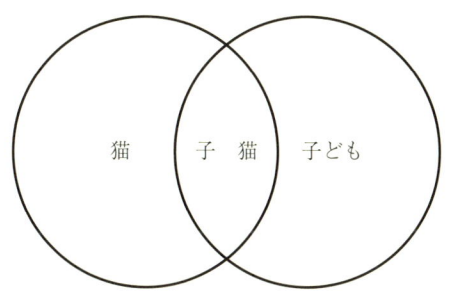

定義：子猫は猫で，しかも子どものことだ。

　この例では定義は初めにジェネラルサークルについて述べ，その後にスペシャルサークルを明らかにする言葉がつけ加えられていることに注意しましょう。子どもたちにこんなぎこちない表現を使わせるよりも，シンプルに子猫は子どもの猫のことだと言わせたいと思うかもしれません。しかし，少なくとも最初のうちはこの面倒な方の表現をお勧めします。面倒な表現の方が，類プラス差異を生む性質という構造を反映しているからです。初めは考えうるどんな手段を使ってでも子どもたちにこういった用語について考えさせる必要があるのです。最後には子どもたちはいつでもきっちりと定義できるようになることでしょう。

　定義の手順を子どもたちがちゃんと理解するまでは**ディファイン**を個人ワークとしては使わないようにしましょう。このセクションの最後の，スプーンの例に関するディスカッションを見ると分かっていただけると思いますが，以下に書かれているステップの流れはいくらか人工的なものです。そこで，このステップを厳格に守るべき指令としてというより，ガイドとして扱うようにしましょう。基本的に，定義を作るのには二つの要素を組み合わせる必要があり，それが差異を生む性質と一般的な性質なのです。そして，ディスカッションが進むにつれて，どちらについても，子どもたちの考えが変わることがよくあります。

手　　順

1. 定義しようとしている言葉を書き込んだら，**ジェネラルサークル**につい
    て考えましょう。書き込まれたような種類の言葉は，もっと一般的に言
    えば，どのような類に属しているのでしょうか。

    　この問いにはたくさんの答えがありうるでしょう。ねずみという言葉
    について考えてみましょう。ねずみは，齧歯動物であり，脊椎動物であ
    り，動物であり，生き物であり，などなど。どれを選ぶべきなのでしょ
    うか。ここに，考慮すべき二つの一般的なルールがあります。

    (i)　スペシャルサークルの性質を選ぶ時になって，長いリストを作らな
    　　　くてもいいような種類の物を選びましょう。例えば，ねずみが生き物
    　　　だと言うことはできます。しかし，そうなったらすぐに差異を生む性
    　　　質のリストに動物をつけ加えざるをえなくなるでしょう。

    (ii)　目的に適った種類の物を選びましょう。例えば，図書館員であれば，
    　　　辞書を，参照する物として分類したいかもしれませんが，しかし，小
    　　　学校1年生の教師であれば，辞書を，シンプルに本だということでし
    　　　ょう。

    とりあえず，**ジェネラルサークル**に選ばれた種を書きましょう。

2. 次にスペシャルサークルの性質へと進みましょう。定義しようとしてい
    るものに本質的で，しかもジェネルサークルに属する他の物から区別で
    きるような性質を選ぶ必要があります。通常はここで，いくらかディス
    カッションが必要になるでしょう。**スペシャルサークル**にそういった性
    質を書き入れましょう。

3. ここで以下の基準に従って提案された定義をチェックしましょう。

    (i)　定義が広すぎないか。言い換えると，その定義には含まれるのだが，
    　　　スペシャルサークルに入れるべきでないものはないか。

    (ii)　定義が狭すぎないか。つまり，除外すべきでないのにその定義から
    　　　除外されてしまう例はないか。

    (iii)　スペシャルサークルの性質は本質的なものになっているか。

    (iv)　定義に否定を含む言葉が使われているか。その言葉を避けることは

できないのか。

(v) 明瞭ではない言葉を使っていないか。

例

1 ディファイン：茎の場合

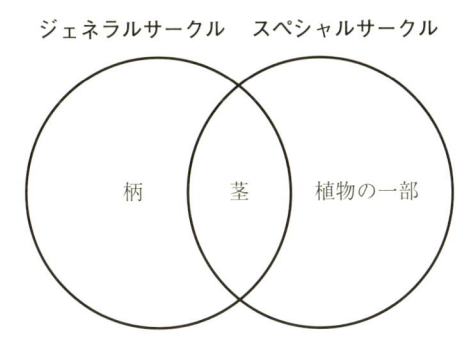

ジェネラルサークル　　スペシャルサークル

柄　　茎　　植物の一部

定義：茎とは柄で，しかも植物の一部である
（**整った定義**：茎とは植物の柄のことである。）

　子どもたちの何人かは，ジェネラルサークルに入るものが植物の一部で，区別するための性質が柄だと考えるでしょう。以下で分かるように，これは概念に対する焦点の当て方の違いなのです。

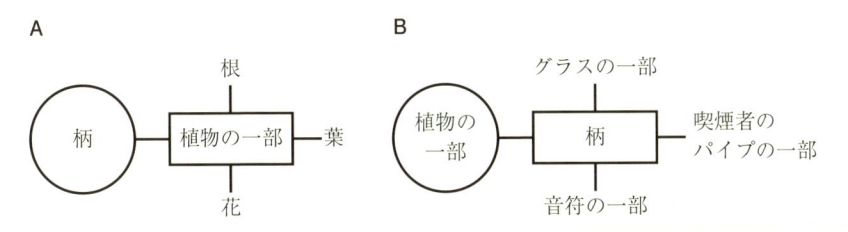

A

柄　　植物の一部　—　葉
根
花

B

植物の一部　　柄　　喫煙者のパイプの一部
グラスの一部
音符の一部

　この問題については，どちらの考え方も間違いではありません。茎を，植物の一部で，その柄であるものと定義するのが良いのか，柄で，植物の一部であると定義するのが良いのかは文脈によるのです。焦点が植物にあるのなら，植物を扱おうとしているという文脈なので，おそらく前者のAを選ぶでしょう。

しかし，もし柄について考えようとするのなら，おそらく後者のBを選ぶことでしょう。以上のことを取り上げたのは，事物を定義する方法が私たちの関心に依存している，ということに注意を払うことが重要だからです。また，事物を異なった視点から考えることは，概念を扱うよい訓練にもなります。

2 ディファイン：スプーンの場合

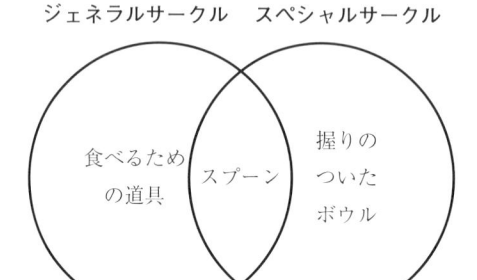

ジェネラルサークル　　スペシャルサークル

食べるための道具　スプーン　握りのついたボウル

定義：スプーンとは食べるための道具で，握りのついたボウルである。

経験を積んだ6年生のクラスが基本的なステップを踏んで，上記の定義を作り，板書しました。さらなるディスカッションが続きます。

サンドラ：この定義は狭すぎると思うの。混ぜるためのスプーンだってあるし，それって食べるためには使わないでしょ。

ジョセフ：サンドラが言ったことにつけ足すと，スプーンは食べ物を扱うために使う物だって言えるんじゃないかな。

教師：ということは，どちらのサークルを変えるべきだと思うの，ジョセフ。

ジョセフ：ジェネラルサークルだよ。そこを「食べ物を扱う物」に変えるんだ。

ロバート：違う。「食べ物を扱う道具」。

教師：それでいいのかしら，ジョセフ，サンドラ。オッケー（黒板を書き換える）。

ベサン：これじゃあ，定義が広すぎる。片手鍋だって食べ物を扱ってるし，それに握りのついたボウルだ。でも，スプーンなんかじゃないぜ！

ミラ：うーん，スプーンは握りのついたボウルだけど，食べ物を入れて調理するための物じゃないっていうのはどうかしら。

教師：えーっと，ミラ。ベサンが言ったことを「調理するための物じゃない」ってもう一つの（スペシャル）サークルにつけ加えたら，説明できるってこと。

ミラ：うん。

ロバート：でも，ミラはスプーンがそうじゃないとしか言ってない。ミラが言ったのは調理するための物じゃないってことだけだ。

教師：ということは，否定が入っているってことね。ありがとう，ロバート。でも，あなたはベサンの問題を避ける別の方法を思いつけるかしら。（間を置いて）誰か他の人が助けてくれるかな。

バーニー：ジョセフが言ったことを変えるってのはどうかな。こう変えるんだ。スプーンは混ぜるために使うか，食べ物を食べるために使う種類の物。

ロバート：混ぜるために使うか，食べ物を食べるために使う道具だ。

バーニー：それをサークルに入れようよ。

教師：どちらのサークルのことを言ってるの，バーニー。

バーニー：うーん，ジェネラルサークルかな。

（教師がジェネラルサークルを「混ぜるために使うか，食べ物を食べるために使う道具」と変える。）

イザベル：定義が狭すぎると思う。おたまのことを考えてたんだけど。おたまはスプーンで，特殊な種類のスプーンで，だけど，おたまで食べるわけでも，食べ物を混ぜるために使うのでもないわ。

ジョセフ：おたまはスプーンじゃないよ。

イザベル：いいえ，スプーンよ。スープとかそういった物をすくうために使うスプーンよ。

教師：イザベルが言ったことを他の人たちはどう思うかしら。

（反対が続き，ロバートが「おたま」という言葉を辞書で調べている。）

ロバート：ほら，ここに，おたまは大きいスプーンって書いてある。

ジョセフ：そんなの賛成できないよ！

ディスカッションが進むにつれて，スプーンという概念はぎりぎりのところにいくと，やや曖昧であることが明らかになりました。最終的にロバートが運ぶという言葉を導入し，それがどういう意味なのかといくらかディスカッションした後に，クラスは最終的に以下の定義が最良のものだということに同意しました。「スプーンは食べ物を混ぜるため，あるいは運ぶための道具で，握りのついたボウルのこと」。

分類する

分類は，定義で登場した類と差異を生む性質について別の考え方を与えてくれます。アリストテレスが人間を理性的な動物と定義した時，事実上，動物を二つの集合，理性を持つ動物と理性を持たない動物，へと分けたのです。

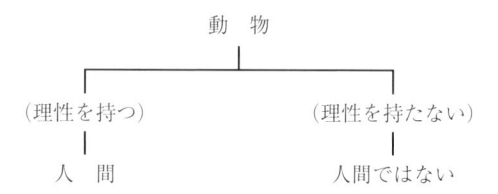

これは論理学者が二分法（*dichotomous division*）（二つに割ること）と呼ぶもののシンプルな例です。二分法を使って，様々な方法で類を分けることができます。例えば，動物を背骨を持つ動物と背骨を持たない動物へと分けることができます。この分け方はアリストテレスとは異なった分け方であり，脊椎動物と呼ばれる，動物の生物学的な集合を取り出すことになります。

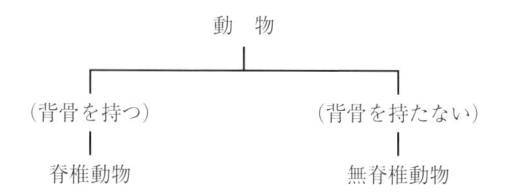

同じプロセスを二分された先行のものにも適用し，さらに下へと続けていくこともできます。どの二分法にも，その分割に即した，類をさらに分けるための差異を生む性質が必要になります。それ以外にも，カモノハシという野生動物を研究していて完成した以下の分割のように，興味に従って分割を探っていくこともできます。

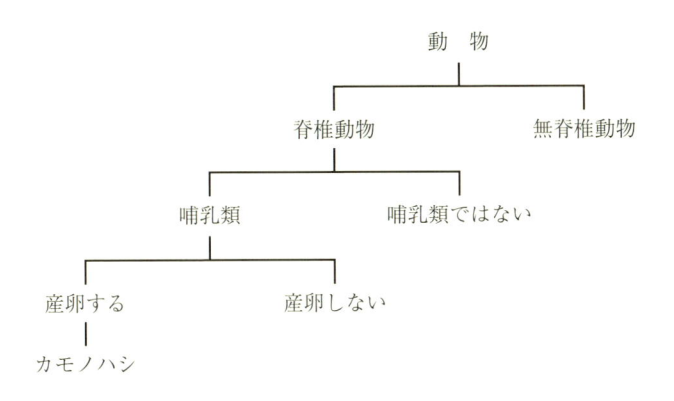

　こういった二分法は，規則正しく実行されるなら，分類の図を作る方法の一つになります。上記の部分的に完成された図を見れば，無脊椎動物，哺乳類ではない，産卵しないといったように，カテゴリーのいくつかは否定を含んでいることが分かります。もしかしたらその図は（生物学を含む）多くの目的に役立つとは言えないのかもしれません。同じように，図は区別を連続して行うことで大きな集合を小さな集合へと分けるプロセスを示しています。そのプロセスこそが，すべての分類の図の基礎なのです。また，上の方向へと逆行していくと，上記の図は，ある物がもっと一般的な種類の物へとどのようにつながって分類されていくのかを示してくれます。例えば，上記の図の分割の道を反対に辿っていくと，哺乳類を脊椎動物に分類することができます。あるいは，カモノハシを産卵する，哺乳類の，脊椎動物に分類することができます。

　分類に取り組む時には，定義の時と同じように，私たちが行う区別や接続が目的に相対的であることをいつも心に留めておくようにしましょう。例えば，義務教育について考える時，学校は普通，小学校と中学校に分けられます。し

かし，教育の提供者という観点から考えると，州立，教会附属，私立に分けられるのです。同様に，虎のことを動物学者は縞柄で猫科の四肢動物と分類しますが，環境問題専門家はむしろ絶滅危惧種のリストに分類しようとするでしょう。こういったことは，虎を私たちの興味に従って分類する，それぞれ異なった方法なのです。

　分類は，人間の活動のほとんどすべてにとって根本的なのですが，難しくて，混乱を招くおそれもあります。ですから，分類の基本的な原則を理解することは重要なのです。以下で紹介されるツールは子どもたちにこういったカテゴリー分けの思考について基本的な理解を与えるように作られています。

アームズ

　アームズは集められた物を二分法の図に従って整理するツールです。**アームズ**は小さなグループで使うことをお勧めします。

手　　順

1.　クラスを小さなグループに分けます。それぞれのグループに，今回扱う，集められた物についてよく見るよう指示し，「これらすべての物が共通して持つ特徴は何だろうか」と問いかけます。最初に，基礎的な分類として，共通の特徴を子どもたちが選びます。

2.　次に，何が最も重要な特徴なのかを自分自身に問いかけるようにしてもらいます。自分たちの興味に従って，集められた物のうち，ある物は持ち，ある物は持たない重要な特徴を探すのです。この特徴を最初の分類に，つまり最初にその特徴を持っている物と持っていない物とに分けるために，使用するわけです。

3.　ここで，子どもたちは集められた物をもっと小さなグループへと分けるのに役立つ他の重要な特徴を探し，さらに分割していきます。

4.　このように分割を続けていき，集められた物に即した区別をすべて行うまで続けます。

洞窟，巣穴，繭，殻を分類する場合

　この例では，自然界に存在し，生き物を保護することができるものがすべて挙げられています。「自然界に存在するもの」は分類を始めるにはあまりに広すぎる集合です。そこで「生き物のための避難場所」をスタートにして，手順を進めてみましょう。

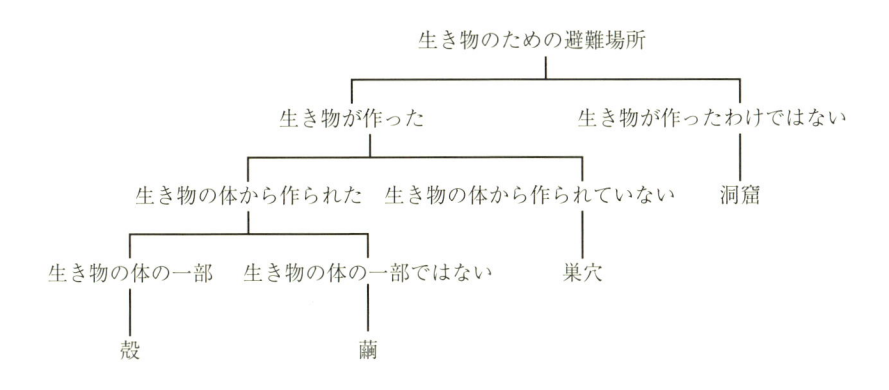

グループ・ノングループ

　これは年少の子ども向けの，比較的簡単なヴァージョンの二分法です。このツールはグループ分けに無数の可能性があることを強調します。子どもたちをペアに分けて行うとよい活動になり，クラス全体のディスカッションでフォローーすれば有益な活動になるでしょう。

手　　順

1.　集められた物をトレーに置きます。あるいは，集められた物を別の方法で提示することから始めます。
2.　物がこのグループのカテゴリーに入る，このグループのカテゴリーには入らないと分けるための方法がいくつくらいあるかを子どもたちに考えさせます。そして，グループには集められた物のうち少なくとも三つの物が入らなければならないと伝えておきます。子どもたちが物を実際に

扱っている状況なら，グループのカテゴリーのリストを作らせるように
　　してもいいでしょう。

例

　以下の例は小学校低学年向けであり，物をどのように用意するか，その方法
が一つ示されています。グループに入る物にはチェックがつけられ，グループ
に入らない物は空白のままになっています。例のように，分け方を一つだけ示
唆してから始めるのが有効です。

	家／家でない		
羽			
巣穴	✔		
草			
コート			
鳥			
家	✔		
毛皮			
巣	✔		
子ども			
たね			
うさぎ			

動物，野菜，鉱物

　年少の子どもたち向けで，**アームズ**と同じ特徴を多く持ち，昔からあるゲー
ムが**動物，野菜，鉱物**です。一人が動物，野菜，鉱物のどれかに属する物を選
び，他の人にはそれが何であるのかは伝えません。そしてクラス全員に一人ず
つ質問をさせていき，何が選ばれたのかを当てさせるのです。それがどんなも
のなのかを問う質問だけが許されます。次のような質問です。

　それって動物なの？

たねから育っていく？

土の中で見つけられるもの？

動物園で暮らすことができる？

それって猿のこと？

　正しい答えに辿り着くまでは，答えを知っている子は「はい」「いいえ」「たぶん」とシンプルに答えます。誰でもどの段階であっても答えを当てることができるのですが，一人に一度しか答えることができないというルールを作っておくと役に立つでしょう。

ツ リ ー

　ツリーはある特定の類についての一般的な分類の図を作るツールです。類は動物であっても，家具であっても，衣服であっても，建物であっても，ゲームであっても何でも大丈夫です。そのような一般的な図は，与えられた物を単純に二分していくよりも，作るのが難しいと言えます。また，二分法の時に適用されたルールがこの一般的な分類の図にも適用されるということが見て取れるでしょう。以下のような三つの原則があります。

1. それぞれの分割は一つの性質に訴えかけないといけない。ある類をこのルールに従わずに分割すると，重複する集合に行き着くおそれがあります。論理学者たちが言うように，集合が互いに排反にならないのです。例えば，動物を海に生息するものと大気で呼吸するものに分けたとすると，（海に住むと大気で呼吸するという）二つの性質に訴えかけていることになり，重複する集合に行き着くことになります。クジラは，例えば，両方のグループに属します。

2. それぞれ分割は分割されたその集合にあるすべての要素を含んでいなければならない。論理学者たちが言うように，互いに排反である分割のカテゴリーはまた，分割を続けた時に見落としている物がないように，完全に網羅されていなければならないのです。動物を海に生息するものと哺乳類に分けるとしたら，この分割は完全に網羅できているわけでは

なくなります。すべての動物が海に生息しているか，哺乳類であるかのどちらかというわけではないのです（もちろん，この分割は互いに排反であるわけでもありません）。

3. すべての分割は最初のものと同じ種類の性質に訴えかけていないといけない。例えば動物を生息地に従って分けたとすると，その基本原則に従って最後まですべて分けないといけません。水の中に住む生き物は，例えば，淡水に住むかもしれませんし，海水に住むかもしれません。そして，海水に住む生き物は浅瀬に住むかもしれませんし，海底に住むかもしれません，などなど。

手　　順

1. 一般的な種類のものを二つか，それ以上の大きなグループに分けます。どんなグループに分けるのか，選び方は子どもたち次第ですが，子どもたちが興味を持つような物はだいたいすでに誰かが分類した，よく知られた方法が存在することを忘れないようにしましょう。子どもたちが (建物，家具，衣服といった) 私たちが制作した物を分類しようとする時には，機能によって分けさせるのが良い考えです。つまり，そういった物が使われる目的によって分けるのです。

　　分けようとする時に，結果としてできるグループが，上記の原則に基づいた二つのルールに従っていることを確認する必要があります。

   (i) グループが何かを残したままにしていてはならない。グループ分けしようとしている一般的な種類のすべての要素がグループのどれか一つに属していなければならないのです。

   (ii) 重複していてはならない。分けようとしている一般的な種類に含まれるすべての要素は複数のグループに属していてはいけません。

2. 有益である限りは何度でも，グループの内の要素をさらに小さいグループに分けていきます。しかし，子どもたちが分ける時にはいつでも，前の分け方と同じ基礎に基づいているかを確認するようにします。例えば，物を形によって分けることから始めたとするなら，物を形によって分け

るように続けていくのです。使用法によって分け始めたのなら，使用法に従って分け続けていきます。

　ここでもまた，同じ二つのルールに従う必要があります。物を残したままにせず，グループの重複がないようにするのです。

例

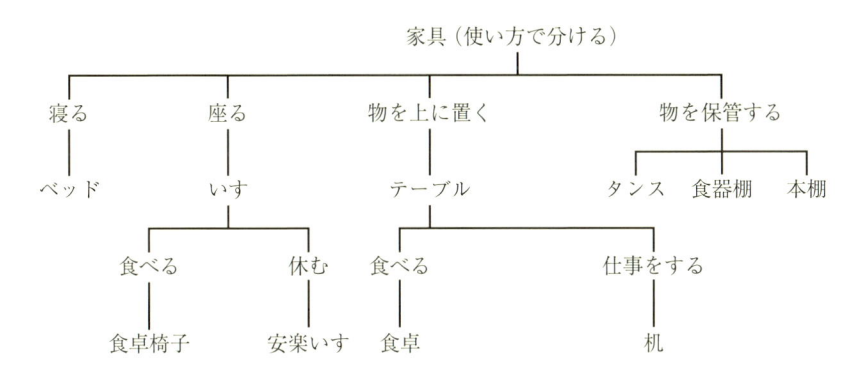

　家具を分類しようとするこのカテゴリーが，実際には網羅的ではないことに気づかれたかもしれません。ソファー，スツール，コーヒーテーブルといった家具が除外されています。すべてのグループが互いに排反でないことも分かるでしょう。例えば，ソファーは座るにも，寝るにも使うことができます。すでに述べたように，一般的な分類の図は驚くほど作るのが難しいのです。しかし，試みることに教育的な価値があるのであって，部分的な成功であっても褒めてあげるようにしましょう。

グループ

　グループは子どもたちが自分たちで分類の図を作ろうとする，比較的やさしい活動です。作業はペアで行った後で，クラス全体でディスカッションするようにしましょう。

手　　順

1. 物を一つのグループへと分類することから始めます。子どもたちに実際の物，物のリスト，イラストを見せてもいいでしょう。
2. クラスをペアに分けて，物をグループに並べる方法をそれぞれのペアで考えるようにさせます。
3. その後で，完成した並べ方の違いについてクラスでディスカッションさせます。

この基本的な手順を行うには様々な方法があります。次の例では，動物のイラストを切り抜いて，グループになるように整理しています。この方法は，小学校1年生向けに作られています。

例[5]

　クラスをペアに分けて，次ページのイラストのコピーをすべてのペアに渡します。描かれている動物をどうやってグループ分けするのかをペアでディスカッションさせます。イラストを切り抜かせて，考えたことを試させ，その後で紙に貼るようにさせましょう。

　その後で，完成したグループの違いについてクラス全体でディスカッションしましょう。

　これで，概念の探求，定義，そして分類への私たちの小旅行にも終わりを告げることになります。年長の子ども，年少の子どもの両方に使うことのできる多様なツールを紹介しようと努めてきました。これらのツールは有効に働くことでしょう。子どもたちが慣れてきたなら，小グループの活動でも役に立つことでしょう。児童生徒が考えを探求し始めるならば，こういった概念のツールはクラス全体で議論する機会をたくさん作ってくれるはずです。

注
1) （訳注）佐藤猛郎『最後の吟遊詩人の歌　ウォルター・スコット』評論社，

1983年，p. 285。第二曲，IXの訳文を使っています。

2)　**ターゲット**は次の著作のものを応用しています。Matthew Lipman & Ann Margaret Sharp, *Wondering at the World* (Lanham, Md.: University Press of America, 1986).

3)　**クレイジーケース**はジョン・ウィルソン（John Wilson）が自身の著作 *Thinking with Concepts* (Cambridge: Cambridge University Press, 1963) の中で「反対のケース」と呼ぶ議論から着想を得ています。

4)　**ブリッジ**はシドニーのノースブリッジ小学校（Northbridge Primary School）でのベヴァリー・ピーターズ（Bevarly Peters）先生の哲学の授業から着想を得ました。そのクラスの子どもたちは，本文中の写真のように活動に取り組む姿が見られました。

5)　この例は少し違った形で次の著作の中に現れています。Philip Cam, *Thinking Stories 2:* Teacher Resource/Activity Book (Sydney: Hale & Iremonger, 1994), pp. 48-9.

第7章　推論のツール

　私たちがある主張の含意や真偽を確信できず，その主張についてよく考えざるをえない時，自らにこう問いかけます。「その主張は，私たちが虚偽であると知っていることを含意しているのか。証拠と矛盾していることを想定しているのか。本来ならもっともであると想定していることに公然と反対しているのか。もっと妥当な可能性は考えられないのか」というように。このような反省をすれば，私たちは推論へと向かわざるをえません。

　教室での探求は，その性質上，不確かな主張を重点的に取り扱い，様々な可能性や推測に目を向け，そして推論へと導いていきます。推論とは，結論に向かって導かれている，関連した思考の流れですから，ディスカッションの時には子どもたちが，次のような言い方を使うのをよく耳にします。

- ……なのだから，……ということになります。
- 私たちは……ということを知っています。だから……です。
- もしも……ならば，……です。

このような語句が示しているのは，子どもたちが推論しているということです。また，いくつかの，すべての，まったく……ない，ではない，そして，しかし，……でなければ，あるいは，だけといった特別な論理的意味を持った，小さな言葉を使うのも耳にするでしょう。こうした語は，発話の特定の内容や主題と

は対照的に，発話の論理的形式を示す語です。この章で扱うのは，このような語句と，教室で注目するだけの価値のある推論方法をいくつか見る際の構造です。

仮説的推論

　私たちは探求する時，多くの場合，実際に起こったと信じるもの，あるいは真実であると見なすものから，確証しようとするものへと推論していきます。私たちは，かくかくが事実なのだから，しかじかもまた，事実に違いない（事実でありそうだ）と論じます。しかしながら，探求の行動においては，どんなことが単なる可能性から結果として言えることになるだろうか，あるいは言えるかもしれないのかをも探ります。これは，私たちは可能性が追求するだけの価値があるのかどうかを見極めようとしているから，または，可能性がすでに現実のものとなった証拠を探しているから，あるいは，可能性と他の事情との間にある一般的な関係に興味があるからなのです。私たちの目的が何であれ，このような事例では，私たちは仮説的に推論すると言われます。

仮説的問い

　最も明確に仮説的推論を導く問いは，それ自身が仮説的と言われるものです。お気づきになるでしょうが，人々は「純粋に仮説的」であるという理由で問いに抵抗することもあります。それでも，政治家がこの理由で問いをかわしているのを見たことのある人は誰でも，仮説的問いがかなり重要でありうると分かっているでしょう。仮説的推論を必要とする問いをここに挙げます。

- もしそれが起こるとしたら，どんな結果になるでしょう。
- もし私たちが，この一連の措置を取るとしたら，どうなるでしょう（なるかもしれないでしょう）。
- もしそれが起こっていたら，それによってどんなことが明らかとなったでしょう。

この種の質問は，全体的に重要であるので，子どもたちにこのような質問をする習慣をつけるよう奨励するためにできるだけのことをするべきでしょう。

教室で仮説的推論を導入する

仮説的推論の非常に単純な練習は，ただ単に，もしこれこれが起こったらどうなるかを言わせることです。例えば，幼い子どもたちに，状況が悪くなりそうな様子の写真やイラストをよく見てもらいます。もし男性がはしごを踏み外したらどうなるか，それからこの場合にはどうなるか，などなどを尋ねます。[1] 子どもたちに一風変わった例を考え出すように言えば，「これこれが起こったらどうなるか」タイプの質問を楽しいものにすることができます。例えば，トーストがゴースト（幽霊）になったらどうなるでしょう。あるいは，固ゆで卵（ハード・ボイルド・エッグ）が非情な脚（ハード・ボイルド・レッグ）になったらどうなるでしょう。子どもたちは，その後どうなるのかを続けてやってみることができます。[2] これは，仮説的推論を導入するよい方法です。

計画を立てる，予測する，説明する

今度は，仮説的推論を含む議論の基本的な型に注目したいと思います。[3] これは一見些細なことに見えるかもしれませんが，探求という状況においては重要であることが分かると思います。次に挙げるのがこの型を持つ推論です。

1. もし私が彼女の亀を大きくしたとシルヴァー夫人に納得させる方法を見つけられれば，その時には私は彼女の愛情を得るだろう。
2. 私は，シルヴァー夫人の亀を大きくしたと彼女に納得させる方法を見つけることができる。

故に，私は彼女の愛情を得るだろう。

これは，ロアルド・ダールの物語『エシオ・トロット』の冒頭でホッピー氏がしている推論を見たものです。[4] ホッピー氏の推論は，計画を立てている人の推論です。彼は（シルヴァー夫人の愛情を得るという）結論を念頭に置いて，その

目的のための手段を二つ以上考えます。例えば，彼がシルヴァー夫人の亀を大きくするのを助けたと彼女に納得させるということです。ここまでは，ホッピー氏の推論の結論は，その形式において仮説的です。「もし，これこれの手段が講じられれば，その時にはかくかくの結果が得られるであろう」と彼は推論します。しかし，もう一度ホッピー氏の推論全体を見ると，ある型があることに気づきます。

1. もし私が彼女の亀を大きくしたとシルヴァー夫人に納得させる方法を見つけられれば（これをAと呼びます），その時には私は彼女の愛情を得るだろう（これをBと呼びます）。
2. 私は，シルヴァー夫人の亀を大きくしたと彼女に納得させる方法を見つけることができる。（ここにもAがあります）
故に，私は彼女の愛情を得るだろう。（ここにもBがあります）

ですから，ホッピー氏の推論は全体から見ると，次のような型を取っています。

1. もしAならば，その時はBである。
2. Aである。
故に，Bである。

これは関連した推論の流れであり，「仮説的言明」（「もしAならば，その時にはBである」という型の言明）が最初の行で主張され，いわゆる言明の「前提」（「もし」のすぐ後に続く部分）が2行目に続きます。そうして仮説的言明の「結論」（「その時には」に続く部分）が，この二つの言明から導き出されています。

　推論のこうした形式は，単純ではありますがきわめて重要です。予測したり計画したりするその役割については，ほんの少し見たところですが，それに加えて多くの状況で出来事を「説明する」ことにおいても役に立ちます。実際，それは小学校の理科教育で容易に導入することができる科学的説明の基本形式と密接に関連しています。その関連づけをすることで，こどもたちに科学的説

明の論理を正しく理解させ，科学において仮説が説明的役割を果たしていることに注目させることができるのです。

例を使って私が言おうとしていることを説明しましょう。

教師：なぜ，はらぺこあおむしは，あんなに大きく太ったあおむしになるのでしょう。

エイドリアン：食べてばかりいたからです。

スーザン：そうです，ずっと食べ続けていると大きくなって太るのです。

さてここで再び子どもたちが説明していますが，今度は推論の図式の観点で見てみましょう。

1. もしずっと食べ続けていると，その時は大きくなり太る。
2. はらぺこあおむしは，ずっと食べ続けた。

故に，はらぺこあおむしは，大きくなり太った。

1と2が真であって，結論が偽であることは不可能であることに注目して下さい。1と2が真であれば，結論も真でなければなりません。結論は前提から導き出される，すなわち論理学者が言うように，結論は前提から演繹することができるのです。

これはまさに科学の法則に基づく説明の論理です。比較のためにニュートン力学の第二法則に関する例を出しましょう。方程式や数値の単位を知らなくても心配することはありません。一般的な仮説的言明（ニュートン力学の第二法則）に続いて前提に相当する条件の言明があり，そこから結論に相当する言明が導き出されていることに注目して下さい。

1. もし力 F が質量 m の物体に加えられるならば，その物体は力 $F = ma$（a は加速度を意味する）に従って加速する（ニュートン力学の第二法則）。
2. 50ニュートンの力が質量10キログラムの物体に適応された。

故に，物体は5m/s^2で加速した。

推論の形式は，はらぺこあおむしの場合と同じです。子どもたちの場合，「もしずっと食べ続けると，その時は大きくなって太る」という仮説的前提は，厳密には科学の法則ではないかもしれませんが，スーザンの年齢の子どもにとってその方向に向かう一歩です。そしてエイドリアンの観察とともに，スーザンの「法則」は，科学的法則が事象を説明するのに役立つのとまさに同じように，子どもたちが説明するように言われた事象を説明しています。ですから子どもたちをこの形式の推論に引き入れ，その論理を反省させることができれば，子どもたちの科学的思考能力の発達において重要なことを成し遂げたと言えるでしょう。

明示的である必要性

ここで，一般化が明示的である必要性について解説させて下さい。子どもたちが事象を説明したり，行動を正当化したり，あるいはある物事の価値を判断しようとする時，おそらく自分たちの主張を支持する一般的な仮説に言及することはないでしょう。もちろん私たちにしてもそういうものです。もしもなぜ私の研究室の植物がほとんど枯れているのかを尋ねられて，私が水をやるのを忘れたからだと言えば済むことで，「もしも植物に水が足りなければ，やがては枯れるでしょう」という一般的な仮説を私がつけ加える必要はないでしょう。私は相手が初歩的な事実を知っていて，その事実を使って私の説明を理解してくれると信用できるからです。しかしながら，もっと問題の多い，あるいはなじみの少ない領域に思い切って入って行く時，このような隠された主張を明示的にし，詳しく吟味することがもっと頻繁に必要になります。

指導的な役割をしている仮説を明示的にすることは，哲学的探求においては普通に実践されることです。私たちは仮説を理性に委ねます。それは，科学において仮説を実験に委ねて検証するのと同じです。この例を考えてみましょう。

カレン：シルヴァー夫人は，もしもしたくないのなら，ホッピー氏のために

何もする必要はなかったわ。

ジャスティン：いや，しなければならなかったよ。

ジェシー：どうして，ジャスティン？

ジャスティン：彼女の亀を大きくして彼女を助けたからだよ。

ジェシー：だから？

ジャスティン：だから彼女は彼に借りがあったんだよ。そうだろう？

カレン：ジャスティン，誰かがあなたのために何かしてくれるからといって，その人のために何かをする必要はないわ。

ジャスティン：いいかい，カレン！　誰かが君に何かをしてくれたら，君はその人のために何かをしてあげなければならないよ。

ついにジャスティンは，自分が考えている相互依存の原理を明示的に述べました。ここで教師は，その原理に注目させて，子どもたち皆にそれについて考えるよう仕向けることもできるでしょう。自分たちの考えを説明する例を出させたり，自分たちの意見に対して他の理由を述べさせたりできるかもしれません。もちろん，スムーズに運ぶとは限りません。哲学的探求の経験に乏しい子どもたちは，ジャスティンのように，明示的にしないで異論が出てくる原理に頼ることが多いでしょう。そのような場合は，教師がうまく扱って，その原理を開示してやる必要があります。

仮説的言明を検証する

　以上のことは，仮説的主張を検証するという重要な話題につながっていきます。またしても，科学的推論との関係が生じます，そしてまさに科学的推論と関係しているという理由で，この話題が私たちの注目を引くのです。実験的作業において，仮説の検証は，まず仮説の初期条件あるいは前提条件（前件の内容）をコントロールし，それから（後件の）予測された結果が起こるかどうかを見ることによって，行われます。もしも予測された結果が起こらなければ，（初期条件を適切にコントロールしなかったという場合を除けば）仮説は正しくなかったことになります。

説明の論理と予測の論理の間には直接の関連があり，その関連は検証の背後にあります。先に，ホッピー氏の推論の場合には予測の例を見ましたが，科学にもっと似ている例として，どのようにしてはらぺこあおむしが大きくなり太ったのかということに対するエイドリアンとスーザンの説明をもう一度見てみましょう。

1．もしずっと食べ続けていると，その時は大きくなり太ります。
2．はらぺこあおむしは，ずっと食べ続けました。
故に，はらぺこあおむしは，大きくなり太りました。

　あおむしがどのようにして大きくなり太ったかを説明しないで，スーザンとエイドリアンが物語の最初の部分だけを見て，あおむしが大きくなり太るだろうと予測していたとしましょう。二人は同じ形式の推測を使っていますが，今度は一般化に頼り，あおむしの行動を観察して結果を予測することになるでしょう。

1．もしずっと食べ続けていると，その時は大きくなり太ります。
2．はらぺこあおむしは，ずっと食べ続けます。
故に，はらぺこあおむしは，大きくなり太るでしょう。

　予測は検証の不可欠の部分ですから，推論のこの形式に慣れておくことは，検証の論理の重要な部分を学ぶことになります。この場合，子どもたちの予測は，物語の残りの部分で起こることによって確証されるでしょうから，スーザンの仮説は「検証」に合格することになります。もちろん科学においては，検証はおそらく実験に基づくものになるでしょう。そうだとしても，このように考えるようになることは，科学的に考えられるようになる不可欠の部分であり，低学年で取り上げられるべきでしょう。
　哲学的探求においては，指導的な役割をしている仮説を検証することもできます。検証の一般的な形式は，仮説に反する例を探すことです。私たちは，前

件を満たすけれども後件に反する事例（実際のものであれ想像上のものであれ）を探します。もしも仮説が正しければ，そのような例はないでしょう。ですから，もし例が見つかれば，その時はその仮説が真ではないのです。このような例は反例と呼ばれ，哲学的探求においては，科学的探求における反証に類似した役割をします。はらぺこあおむしの例は，哲学的というよりも，実際のところ科学的ですが，エイドリアンは，ずっと食べ続けていると大きくなり太るというスーザンの仮説に反例を提示し，彼には水泳チャンピオンの姉がおり，ずっと食べているけれども大きくて太ってはいないと言うかもしれません（ところで，エイドリアンは，ずっとをどういう意味で言っているのでしょうか）。哲学的側面に目を向けて，もしも誰かがあなたのために何かをしてくれるのならば，その時はあなたもその人のために何かをしてあげなければならないというジャスティンの仮説を取り上げるとするならば，人の懺悔を聞いている牧師が反例となるかもしれません。牧師は人のために何かをしてくれます。しかし，それによって人は牧師のために何かをしてあげる義務があるでしょうか。もし無いのならば，ジャスティンの原理は無条件に真であるとは言えないでしょう。

前件を検証する

　私たちは，仮説的言明を使ってその前件が真かどうかを検証することができます。次のような会話の抜粋で，横柄なお姫様がしている推論を考えてみましょう。

　お姫様：あなたは王子様なんかじゃないわ。ただの醜い歳取ったヒキガエルよ。

　ヒキガエル：でも私は王子なんですってば。

　お姫様：もしもあなたが王子様なら，それじゃあ私は……ローストされた鴨だわ。

もちろん，ヒキガエルは実際は王子様ですから，お姫様の最後の言葉は，いささかうかつなものです。しかしながら，彼女の言葉の要点は，ヒキガエルが自

分は王子だと主張することのばかばかしさを断言することです。そしてこの言葉の背後にある論理は，次のようなものです。

1. もしもあなたが王子様なら，それじゃあ私はローストされた鴨です。
2. （明らかに）私はロースト・ダックではありません。
故に，あなたは王子様ではありません。

もう一度，この推論の内容を取り除いてその形式を明らかにすると，結局はこのようなものになるでしょう。

1. もしもAならば，その時はBである。
2. Bは真ではない。
故に，Aは真ではない。

ここでは，仮説的推論が前件を否定するために使われています。推論は，（仮説的に）もしも，かくかくが真ならば，その時は，しかじかは真であるべきだが，しかし，しかじかが真でないことは明らかだから，かくかくも真ではない，というものです。

　お姫様の議論の問題点は，彼女の推論はいいのだけれど，2番目の前提は彼女が思っているほど信頼できるものではありません。ここでの教訓は，前提が信頼できるものであることを確信して初めて，私たちはその前提を使って，結論が真であると問題なく推論することができるということです。

ここまで，計画，予測，説明，そして仮説の検証についての初歩的な論理を手短に見てきました。これらの事柄は大きな論題ですが，注目はしていただけたと思いますし，その重要性も十分指摘できたと思います。この論理の多くが，日常の探求する行動に根差している一方，その過程を深く考えて理解することは自動的には起こりません。ですから，子どもたちが学習の様々な側面で探求を進めていくことができるように，これらは注意を向ける必要のある論題なの

です。

帰納的推論

次の三つの意見には共通して重要なことがあります。

ジョージ：僕のクラスには，ヴェトナム人の子が3人いるんだけど，誰もちゃんと英語を話せないんだ。きっと学校にいるヴェトナム人の子で英語を話せる子はいないね。

パトリシア：昼食の時間に，クーパー先生がウィルソン先生と一緒に車で校門を出るのを見たわ。私は二人が付き合っていると思うわ。

レズリー：僕たちのクラスに太った子がいるんだ。いやあ，そいつは怠け者なんだ。それって典型的だよね。

ジョージは，学校のヴェトナム人の子どもに偏見を持っているように思えます。パトリシアは，男性と女性が車で一緒に出かけたら，二人が「付き合って」いるということだと思っています。レズリーは，ステレオタイプに，クラスメートに烙印を押しています。さて，これらに共通しているところはどこでしょうか。一つは，3人とも根拠のない一般化（普遍化）をしているということです。

　私たちは，一般化するなと言われることが時々あります。このことは，存在する差異に敬意を払わずに一般化するべきではないと意味しているようです。というのも，私たちは，経験から学ぶといつでも一般化し，しかも，経験から学ぶべきではないという人は誰もいないからです。一般化しているからこそ，私たちは，太陽が明日昇って来るのを信じているわけですし，教室に次に入ってくる子に頭が二つあるなどとは信じていないわけです。私たちが一般化するのは不可欠なこと（そしてある程度避けられないこと）なのです。一般化を避けるのではなく，根拠のない実例に基づく結論を避けなければなりません。対立する証拠にオープンになり，私たちが知っている他のことに照らしてみれば，私たちの関連づけが妥当かどうかを考察してみる必要があります。

私たちは，一般化に固執するという点で，大なり小なり独善的になる可能性があります。独善的になればなるほど，私たちは，うまく合わない証拠を受け入れにくくなり，心に抱いている物の見方が，これまで観察する機会があったり，あるいは他の方法で知るようになったりした多くの物事と一致しているか，あるいは確証されているかを考えなくなるおそれがあります。ですから，一般化をうまく機能させられるかどうかは，部分的に態度に関係しています。賛成であれ反対であれ，証拠を調べ，一般化を疑う余地のない真理と見なすよりも作業仮説と見なす心構えを持っていることは，自分の見方を擁護するのに賢明であるということの重要な部分となります。

　よい習慣を発達させる機会が大きい幼少時に，このような問題に精を出すのが一番です。ここで私が推薦する健全な教育方法の一つは，自分たちの関心や経験に関連するトピックと共に，帰納的推論に関わる機会を子どもたちに与えることです。お互いに推論することを通して，子どもたちは，よく考えた上での節操のある一般化ができるようになるのです。

一般化の論理形式

　一般化の基本的な範疇は三つあり，それは，常に，決してない，一般的に，です。一般化をする時に，人々は自分の主張を普遍的なつもりでいっているのか——その時は，その主張は指定されたクラスのすべてに当てはまります——，あるいは，大抵または一般的に，当てはまるか，そのどちらなのかを必ずしも明確にしないことがあります。政治家は不正直だという人は，一般的に，政治家は不正直だ，不正直な傾向がある，あるいは他の人々の集団より不正直だというつもりなのかもしれません。しかしその一方で，政治家は皆不正直だといっているのかもしれません。同じように，男は女嫌いだという人は，男性はすべて女性が嫌いだ，あるいは男性は一般的に女性が嫌いだ，また，男性の多くはそういう傾向にあるといいたいのかもしれません。ですから，私たちが一般化を考えるにあたって，最初にする必要があるのは，なされている主張の効力を明らかにすることです。その人は，すべてとかいつものつもりで言っているでしょうか，ほぼいつも，一般的に，または何らかの傾向があることに気づく

と言っているのでしょうか。

　普遍的一般化とは，厳密には「すべて」あるいは「まったくない」という種類のもので，標準的な論理形式は，「すべてのAはBである」(全称肯定命題) か「すべてのAはBではない」(全称否定命題) というものです。いくつか例を見てみましょう。標準的な論理の形が傍点が付された文章として加えられています。

机の上が散らかっている子どもたちは，いつも乱雑な字を書く。
机の上が散らかっている子どもたちはすべて，乱雑な字を書く子どもたちです。

アイスクリームをもっと欲しがる人は誰でも，食い意地の張った人です。
アイスクリームをもっと欲しがる人はすべて，食い意地の張った人です。

ライオンは，肉食のほ乳類です。
ライオンはすべて肉食のほ乳類です。

ブラントン先生のクラスの男子は，誰も宿題をしてきていません。
ブラントン先生のクラスの男子はすべて，宿題をしてきた人ではありません。

クラスには，答えを知っている人は誰もいません。
クラスの人はすべて，答えを知っている人ではありません。

クロバエは美しくありません。
クロバエはすべて，美しいものではありません。

　前のセクションで見たように，「もしも……ならば，その時は……」という形の文は，一般化を形作る普通の方法でもあります。したがって，この形の言明は「……はすべて……である」という形に言い換えられます。例えば，上の例では，「もしも子どもたちが机の上を散らかしているのならば，その子ども

たちは乱雑な字を書くでしょう」とか「もしも誰かがもっとアイスクリームを欲しがるのなら，その人は食い意地の張った人です」と簡単に言えたでしょう。このような仮説的言明は，先の非仮説的言明（全称命題）と同じ主張をしていて，「……はすべて……である」という同じ標準的な形に言い換えられます。

　大抵の目的のためには，一般化を標準的な形に言い換える必要はありませんが，標準的な形を知っておくと，なされている主張の論理的な性質を見ることができます。また，重複する円を使って一般化の論理を明らかにすることもできます。それぞれの円が，問題になっている物事の集合を表し，重複している部分は（もしあれば）両方の集合に属するとします。円Bの外側にある円Aの部分は，BではないAを表し，一方，円Aの外側にある円Bの部分は，AではないBを表します。BであるAはない，BではないAはない，あるいは，AではないBはない，と指摘することができますが，私たちの言明によると，陰をつけた部分には何も入りません。「BであるAはない」という形の言明の場合は，両円の重複している部分に陰をつけ，AとB両方であるものはないことを表します。

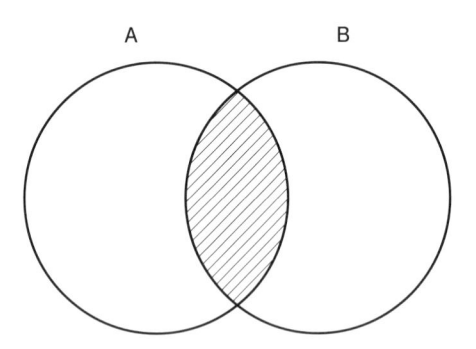

「すべてのAはBでない」

「すべてのAはBである」という形の言明に対しては，次のような結果になります。

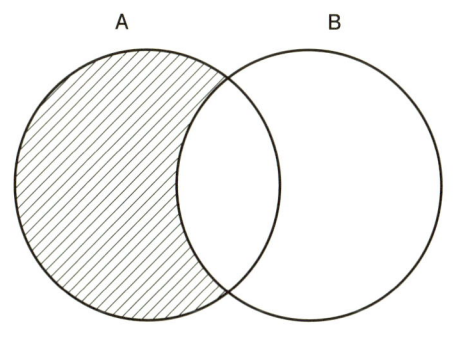

「すべてのAはBである」

つまり，円Bの外側にある円Aの部分には，Aは入っていません。Aであるものは皆Bでもあるからです。

この手順はまた，両方の種類の一般化の反例において要求されるものを明らかにしてくれます。もし陰の部分が指摘されたようなものでなければ，複数の反例があるでしょう。「すべての」型の言明に対する反例の一つは，BではないA（あるいは，「すべてのBはAである」場合の，AではないB）を含む例でしょう。これは，「ない」型の言明への反例が，BでもあるAを含むものであるのと同じです。

一般化を評価する尺度

一般化が疑わしく，それが維持できるかどうかを問うことが適切になる場合，多くのことを考慮する必要があります。次に挙げる三つの質問は，教室での大まかな指針として役立つでしょう。

I. 主張は適切な証拠の上に成り立っているか

6歳のパトリシアは，1年生担当の先生は皆女性だと思っています。パトリシアが，どの学校の先生であれ，1年生担当の先生であればすべて女性だと主張しているかどうかは明らかではありません。しかし，やや曖昧に，彼女は，周辺の学校の現在の1年生担当の先生はすべて女性だと言っているとしましょう。パトリシアの主たる証拠は，いずれにしても，彼女が知っている1年生担

当の先生が皆女性であるということです。しかし，パトリシアが知っている1年生だけを担当している先生は，彼女の学校の3人だけですから，この一般化に対する彼女の証拠は，ほとんど適切とは言えません。パトリシアが挙げた1年担当の先生の見本は少なすぎます。

このような場合，何が十分な見本となるでしょう。たぶん，周辺の学校の1年生を担当している先生をすべて網羅した完全な一覧表を作るしかないでしょう。しかし，この場合であれば，カウントは実行可能かもしれませんが，綿密な調査が不可能である場合も明らかにあります。そして，調査を実施する人たちと同様に，私たちは見本に依存するしかないでしょう。

パトリシアの問題は，単に見本の大きさの問題かもしれませんが，多くの場合，私たちは集めた証拠が代表的なものであるかどうかについても注意しなければなりません。レズリーは，太った人はみな怠け者だと思っています。これはおそらく，レズリーが他人やメディアから得た見解でしょうが，証拠を迫られたら，レズリーは自分のクラスの男の子や，他の例を一つか二つ引き合いに出すことができるかもしれません。彼のお気に入りのテレビ番組の中に怠惰で太った人がいるかもしれませんし，叔父さんのジョーが家族の中で怠け者という評判があるかもしれません。問題は，この証拠がいかに太りすぎの人々全体の代表になっているかということです。もっと広い範囲の証拠が与えられていたら，レズリーの事例にもっと役立っているかもしれません。

2. 反例を追求したことがあるか

一般化に有利になるような証拠を考えるだけでなく，私たちは一般化が間違っているということを示しているかもしれない証拠を探す必要があります。ちょっと考えてみるだけでも，そのような証拠は驚くほど簡単に思い浮かびます。例えば，パトリシアは，ウィルソン先生とクーパー先生のような二人（とにかく，二人の先生）が，昼食時のようなある折に車に乗って出かければ，二人は「恋人同士」だという考えを持っています。この事例をさらに支持するような証拠はなく，一般的には反証となる証拠が非常に多くあるという事実は，もしもパトリシアがこの問題を検討するようなことがあれば，彼女にはすぐ分かるでしょう。

反例や反証を探す時に，マージナルであるとか，あるいは定型的でない例を考えると有効なことがよくあります。鳥はすべて飛ぶでしょうか。さて，ペンギンのことを考えたことがあるでしょうか。日の出と日の出の間の時間はいつも24時間でしょうか。極地近くの地域についてはどんなことが言えるでしょうか。典型的なあるいは模範的な事例——ごく容易に思い浮かぶ類いのもの——に執着することで，私たちはいつも当てはまるとは限らない一般化の裏づけをしようとしているおそれがあります。

3. 関連を説明できるか

ティムとレオニーは犬を連れないで休暇に行きました。休暇から戻った時，二人は蚤に噛まれました。二人は以前に蚤に噛まれたことはありませんでした。そして，もしかしたら蚤が噛んだのは，連れて行ってもらえなかったのに腹を立てたからもしれないと想像します。子どもたちは，蚤が噛むのは，蚤なんだからねと言われた時，子どもたちはその説明にあまり満足はしません。「ひどい扱いを受けなければ，犬は噛まないわ」とレオニーが言います。「だから，それが，蚤という理由だけで，何で噛むんだろう」とティムが尋ねます。

率直に言って，子どもたちは，蚤はすべて噛むものであるという一般的な説に少し懐疑的です。子どもたちは蚤に関して限られた知識しか持っていないのですから，これももっともでしょう。しかし，子どもたちは，蚤が噛むのと犬が噛むのとは違うこと，また蚤が血を吸う虫で，噛んだ動物の血で生きているということを知ると，すぐに意見を変えます。この情報によって，もし蚤ならば，それは噛むという主張は，実際に何箇所も蚤に噛まれるよりも説得力を持ちます。情報は，その主張を支持，あるいは反論する証拠と見なされる事例を超えて，蚤であることと噛むこととの関連を説明し，蚤はすべて噛むものだということを私たちに保証してくれるのです。

今まで見てきたように，私たちが他の事例を知ったり発見できたりすると，一般化はさらにもっともなものになったり——あるいは，ならなかったり——しますし，あの一般的な関連が当てはまる理由の説明が手に入るかもしれません。もちろん，一般化が証拠よりも思い込みの上に成り立っていると分かるかもしれません。そしてこのような思い込みのために，私たちは，どんな証拠で

あろうと，それを証拠だとあまりにもあっさりと認めてしまうのです。バイアスとか偏見の性質とはこのようなものです。しかし，このような思い込みをひとたび白日の下にさらしてみれば，それらが不十分な根拠の上に成り立ったものであることが分かり，その前提の下で成立している一般化自体もしおれてしまうでしょう。

類推的推論

類推においては，通常は異なる物事の間の類似点に注目します。このように関連づけることによって，私たちは経験を統合し，その意味を敷衍します。農夫のひげを剃っていない顎を見て，畑の切り株のようにざらざらしていると描写すれば，その農夫の顎の外観と感触を通して，彼と収穫の終わった畑とを関連づけます。少年が，母親が彼の汚い靴下から後ずさりするように，母親の作った茹でキャベツから後ずさりすると言えば，少年の反感を母親の嫌悪感と均衡させて捉えていることになります。夜，航海中の船が雲間を抜ける月のように波間を航海していると描写すれば，私たちはその場面の様々な要素を結びつけ，一つのムードを創造しています。

類推と同じように，隠喩もまた言語的創造の非常に有効な手段です。無精髭が農夫の顎を覆っている，あるいは，船の帆が雲間を滑る三日月の形であるということができます。ここでは，類推の比較と隠喩の独自性とを交換しました。隠喩はまた探求の多くの分野で可能性や新たな理解を示唆する手段でもあります。ウィリアム・ハーヴェイが，例えば，心臓がポンプであるということを発見したと一般的に言われていますが，その言い方は，彼の発見が生み出した新しい理解を表現する隠喩的な方法なのです。何年か前，イギリスの動物学者デズモンド・モリスは，人間を裸の猿と表現して，私たちの種に対して新しい関心を引き起こしました。隠喩をもっと拡張すれば，探求を導くための多くの可能性を手に入れることができるでしょう。コンピュータとしての精神という考えに基づく新しい研究の波はそのよい例でしょう。

明らかに，私たちは子どもたちに比喩的な言語に注意させ，それをどのよう

に効果的に使うか学習するように仕向けるべきです。忘れてならないのは，子どもたちは，すでにこのようにして考えるのに慣れているということです。たとえ子どもたちはそれをまだ自覚していないとしても。例えば，悪口は隠喩を鮮明に使っています。なぞなぞもよく隠喩で始まっていますし，類推的思考を引き起こします。「目が三つ，脚が一本，なあんだ」や「なぜ島はtという文字に似ているのでしょう」というなぞなぞを考えて見て下さい。5) このようななぞなぞを使って，比喩的で類推的な思考に注意を促すことができるのです。

　このセクションの残りでは，特に議論の中で類推的推論が使われているところを見てみたいと思います。例えば，誰かが次のように主張するとします。思考はガーデニングのようなものだ。庭師が上手に庭を作るためにはガーデニングの道具が必要なように，思考する人は，よく考えるためには考える道具が必要だ。だから考える道具がなければ，よく考えることはできない。このような発言は類推から来る議論になるでしょう。これは，対比されている事例に当てはまることが当該の事例にも当てはまるという，対比的な，あるいは類似的だと考えられる事例からの議論なのです。

　類推的事例が説得力を持つようにしたいならば，その事例は，結論で強調したい二つの事柄の間の関連を，もっと明白で人を引きつける方法で示唆していなければなりません。ですから，庭師が上手に庭を作るためにはガーデニングの道具が必要だという主張は，明らかに思考と思考の道具との間には関連が存在すると主張しているのだと予想されます。これはつまり，議論というものが，両方の事例が例示すると思われている暗黙の，一般的な主張，関連，または原理を当てにして運ばれているのだということになります。対応している事例は，単に，比較的明らかであるか，よく知られた例証にすぎません。類推から来る議論は，原理を明確にすることはめったにありませんから，正確な表現には大抵討論や熟考が必要となります。私たちの例では，効果的な仕事をするには，適切な道具を使用することが必要だというようなことになるでしょう。実質上，ガーデニングの事例ではこの原理は容易に理解できる議論だということなのです。そして，効果的な仕事にはいつも道具が必要だということが分かると，それが思考にも当てはまるに違いないとすぐに分かるのです。思考も仕事の一種

なのですから。

　私が結論として言いたいポイントは，類推から来る議論が一般化に依存しているということです。そこには，「すべての」あるいは「まったくない」という言明が暗黙のうちに含まれているのです。これは，類推から来る議論の（隠れているけれども）基本的な特徴であり，議論の中にいつも探さなければならないものなのです。このような議論を評価することに関しては，魅力的な類推に心奪われることなく，当該の事例に関して類推が何と共通しているかを自問し，それから適切な一般化を組み立てることを忘れてはなりません。というのも，対応する二つの事例の両方が例証している一般的な主張あるいは原理を通して初めて，類推は結論を真に支持してくれるからなのです。

　私が今ここで述べてきたことは単に学問的関心を引くものにすぎないと思われるかもしれません。しかし，類推から来る議論は非常に一般的なものであり，非常に説得力を持っているものなのです。私たちは他人（あるいは実際，自分自身）が一連の行動を取らないように説得しようとすることがどれほどあるか考えてみて下さい。なぜなら，その時の状況が，以前無分別な行動を取ってしまったと反省している時の状況と似ていると強く感じるからなのです。このような判断は類推によるものなのです。また，多くの広告を見てみると，そこで仄めかされている議論は類推を使った流れになっているのが分かります。この人（あるいはこれらの人々）はあなたと非常によく似ています（あるいはあなたとよく似た状況にあります）。この商品がその人にどんな効果をもたらしたか見て下さい。ですからあなたにも同じ効果があるのです。類推から来る議論がいつも悪いと言っているのではなく，ただ注意深く検討しなければならないと言っているのです。そうすれば，類推から来る議論がどのように機能しているのか理解するようになり，その類推の妥当な影響力の基礎になっている一般的な主張を識別できるようになるのです。

　これで推論の道具に関するディスカッションは終わります。教室で推論に注目することが重要であることを示すことができていればと，期待しています。子どもたちは，自分たちの推論に注意を払うことができるようになれば，そし

て計画，予測，説明，類推による一般化と推論といったプロセスで推論の使い方を発見するようになれば，教室だけでなく他の場所でも役に立つものを獲得していることになるでしょう。推論が，概念を使うことによって育まれる子どもたちの能力と結びつけば，それによって，子どもたちは日常生活においても長く役に立つ道具を得ることができることになるでしょう。

結　　論

　本書は，哲学を使って小学校の教室でよく考える力を伸ばす道を探っています。本書は，どのように哲学的探求が一つの教育活動として見られるのか，つまりどのように，その活動の中で子どもたちが問題を提起し，哲学のツールと手順を使って問題を追求するのかを示しています。私たちは，哲学の財産と児童文学の知的冒険とが，どのように探求のための踏み台になるかを見てきました。私は，物語教材をめぐるクラスのディスカッションや他の活動をどのように計画したらいいかを示してきましたし，探求の共同体を作るのに教師がする必要のあるたくさんのことも論議してきました。

　本書が教師のための有益な入門書となることを期待していますが，哲学的探求について子どもたちと学ぶ最も役に立つことは，教室で実際にやってみるということなのです。

注
1)　例えば，Michel Rosen と Quentin Blake の *Hard-Boiled Legs* (London: Walker Books, 1987) にある絵 'What Happens Next?' を参照。
2)　この例は，*Hard-Boiled Legs* から。
3)　計画，予測，説明に加えて，推論のこの型は，仮説を検証するためにも重要です。もちろん，検証には予測が含まれるのですから，これは驚くことではありません。この章の後の部分で検証を扱うことにします。
4)　Roald Dahl, *Esio Trot* (Harmondsworth: Puffin Books, 1991).
5)　June Factor, *Ladles and Jellyspoons*: Favorite Riddles and Jokes of Australian Children (Ringwood, Victoria: Puffin Books, 1989). 最初のなぞなぞは隠喩

に基づいていますが，2番目のなぞなぞは明らかに類推です。お分かりにならない場合は，最初のなぞなぞの答えは，信号機です。2番目のなぞなぞの答えは，島もｔも水（water）の真ん中にあるからです。

付録　成績評価のためのガイド

　以下の評価シートは，教師が本書で論じられた類の教室での活動の認知的効果と個人間の (interpersonal) 相互効果とに関して質的な判断をする手助けとなるように，デザインされたものです。これは授業一般に適用されることを念頭に置いています。

　私は，多忙な学級の担任教師が実際に使用できるようこのリストをなるべく短くしてみました。しかし，これは，子どもたちの進歩の公正な表示を与えるには，十分に包括的でバランスが取れています。私は，探求のプログラムを始めた直後に授業の認知的社会的態度の最初の評価をすることを，お勧めします。そして第2回目の評価は，少なくとも，途切れずに行われた作業の後にすることをお勧めします。この目的のためにこの評価シートをコピーして使ってくださっても結構です。

　私はまた，シート上のそれぞれの質問が明晰判明となるように，説明のための短いノートも提供しました。

	ほとんどしません	時々しました	非常によくしました	ほとんどいつもしました

A　探求のスキル

1. 子どもたちは実りある質問を出しましたか？
2. 子どもたちは理由／証拠に言及しましたか？
3. 子どもたちは説明を求めましたか？
4. 子どもたちは別の選択肢を探求しましたか？

	ほとんど しません	時々しまし た	非常によく しました	ほとんどいつ もしました

5. 子どもたちは自己修正に関わりましたか？

6. 子どもたちは論点にこだわりましたか？

B　推論と概念のスキル

1. 子どもたちは意味を明確にしましたか？

2. 子どもたちは有益な違いをつけましたか？

3. 子どもたちは適切な比較をしましたか？

4. 子どもたちは役に立つ例を示しましたか？

5. 子どもたちは妥当な推論をしましたか？

6. 子どもたちは賢明な判断をしましたか？

C　相互行為

1. 子どもたちはお互いに傾聴しましたか？

2. 子どもたちは議論をシェアしましたか？

3. 子どもたちはお互い助け合いましたか？

4. 子どもたちは意見の不一致を検討しましたか？

5. 子どもたちはお互いの意見を尊重しましたか？

6. 子どもたちは自分の意見に対する公正な批判を受け入れましたか？

ノート

A. 探求のスキル

1. 子どもたちは実りある質問を出しましたか？　子どもたちは，重要な概念や有意義な事柄に注意を引くような質問をしましたか？
2. 子どもたちは理由／証拠に言及しましたか？　そうするのがふさわしい時に，子どもたちは自分たちの見解に理由を述べ，他の子どもが言っていることに対して理由を見つけようとしましたか？　子どもたちは提出された理由を評価しようとしましたか？　子どもたちは，論争の的となっている主張を支持するような根拠や証拠となることを考えましたか？
3. 子どもたちは説明を求めましたか？　子どもたちは通常，物事に対する理由を発見しようとしましたか？　また何か起こったことの原因を説明しようとしましたか？
4. 子どもたちは別の選択肢を探求しましたか？　子どもたちは一つの考えに固執しようとしましたか？　あるいは別の可能な説明，別の可能な結果，理解のための別の方法を探そうとしましたか？
5. 子どもたちは自己修正に関わりましたか？　子どもたちは，何か欠陥があると考えた立場を修正しようとしましたか？　子どもたちは最初の考えを改善しようとしましたか？　子どもたちは，自分の考えを変えたと発言するような時がありましたか？
6. 子どもたちは論点にこだわりましたか？　子どもたちが論点を見失うことがどれくらいありましたか？　あるいはそれを自覚しないでトピックを変えた時がどれくらいありましたか？　議論は十分に焦点が合い，秩序だった仕方で行われましたか？

B. 推論と概念のスキル

1. 子どもたちは意味を明確にしましたか？　子どもたちは，明晰にする必

要のある疑問，発言，概念について議論することがどれくらいありました
か？

2. 子どもたちは有益な違いをつけましたか？　子どもたちは同じようでは
あるが，重要な点では異なっているものを区別しましたか？　子どもたち
は，根拠のない一般化をする傾向にありましたか？

3. 子どもたちは適切な比較をしましたか？　子どもたちは，自分たちが議
論している物事の間に適切な関係があるのを見つけようとしましたか？

4. 子どもたちは役に立つ例を示しましたか？　子どもたちは，例を用いれ
ば役に立つ時に，その例を用いて自分たちが言っていることを分かりやす
くしたり，説明していましたか？　また，子どもたちは，ある主張が正し
くないことを示そうとして，例を用いるようなことがありましたか？

5. 子どもたちは妥当な推論をしましたか？　子どもたちは，自分たちの主
張の結果について注意を喚起しましたか？　子どもたちは，疑問のある想
定をした時それを見つけようとしましたか？

6. 子どもたちは賢明な判断をしましたか？　子どもたちは急いで結論に到
達しようとしましたか？　あるいは，子どもたちは証拠を吟味し，判断に
至る際に適切な状況を考慮しようとしましたか？

C. 相互行為

1. 子どもたちはお互いに傾聴しましたか？　子どもたちは，先生ではなく，
友だちが話していることに注意を払いましたか？

2. 子どもたちは議論をシェアしましたか？　授業は概して議論を共有しま
したか，あるいは何人かの子どもが議論を支配する傾向にありましたか？
議論から締め出されるような子どもがいましたか？　人を見下すような発
言をするか，他の人の意見を遮るような子どもがいましたか？

3. 子どもたちはお互い助け合いましたか？　子どもたちは，他の人の考え
に基づいて意見を進めることがありましたか？　子どもたちは，友だちが
自分の言いたいことがなかなか言えない時，助けてあげるようなことがあ
りましたか？

4. 子どもたちは意見の不一致を検討しましたか？ 子どもたちは，意見の不一致が何に基づいているかを明らかにしようとしましたか？ 子どもたちは，その不一致の根拠が真正のものであるかどうかを探求しようとしましたか？ 子どもたちは，賛成意見の理由を明らかにしようとしましたか，また，考える余地があるかどうかを検討しましたか？

5. 子どもたちはお互いの意見を尊重しましたか？ 子どもたちは，お互いの意見の不一致を認めることができましたか，あるいは違う意見を表明することができましたか？ その際，自分たちの批判を表明された意見に留めることができましたか？ 子どもたちは，違う意見や好みをもった友だちを公正に取り扱うことができましたか？

6. 子どもたちは自分の意見に対する公正な批判を受け入れましたか？ 子どもたちは，自分たちが間違っているかもしれないということを認めましたか？ 別の考え方があるということを認めましたか？ 子どもたちは，以前に提出した意見に対する批判に同意するようなことがありましたか？

参 考 文 献

引 照 文 献

Baron, Joan Boykoff & Sternberg, Robert J. (eds) 1987, *Teaching Thinking Skills: Theory and Practice*, W. H. Freeman, New York.

Ennis, Robert 1987, 'A taxonomy of critical thinking dispositions and abilities,' in Baron & Sternberg (eds), *Teaching Thinking Skills: Theory and Practice*.

Fisher, Robert 1991, *Teaching Children to Think*, Simon & Schuster Education, Hemel Hempstead.

Hullfish, H. Gordon & Smith, Philip 1967, *Reflective Thinking: The Method of Education*, Dodd, Mead & Company, New York.

Kenny, David 1988, *The Art of Reasoning*, W. W. Norton, New York.

Lakoff, George & Johnson, Mark 1980, *Metaphors We Live By*, Chicago University Press, Chicago.

Lipman, Matthew & Sharp, Ann Margaret (eds) 1978, *Growing Up with Philosophy*, Temple University Press, Philadelphia.

Lipman, Matthew & Sharp, Ann Margaret & Oscanyan, Frederick S. 1980, *Philosophy in Classroom*, 2nd ed., Temple University Press, Philadelphia.〔M. リップマンほか『子どものための哲学授業』河野哲也・清水将吾監訳，河出書房新社，2015年〕

Lipman, Matthew 1988, *Philosophy Goes to School*, Temple University Press, Philadelphia.

—— 1991, *Thinking in Education*, Cambridge University Press, New York.〔M. リップマン『探求の共同体　考えるための教室』河野哲也・土屋陽介・村瀬智之監訳，玉川大学出版部，2014年〕

—— (ed.) 1993, *Thinking Children and Education*, Kendall/Hunt, Dubuque, Iowa.

Matthew, Gareth B. 1988, *Philosophy and the Young Child*, Harvard University Press, Cambridge, Mass.〔G. マシュー『合本版　子どもは小さな哲学者』鈴木晶訳，新思索社，1996年，所収〕

—— 1984, *Dialogues with Children*, Harvard University Press, Cambridge, Mass.〔『合本版　子どもは小さな哲学者』所収〕

—— 1993, 'Philosophy and children's literature,' in Lipman (ed.) *Thinking Children and Education.*

Mead, George Herbert 1934, *Mind, Self, and Society from the Standpoint of a Social Behaviorist*, Charles W. Morris (ed.), University of Chicago Press, Chicago.〔G. H. ミード『精神・自我・社会』稲葉三千男・滝沢正樹・中野収訳／解説，青木書店，1973年，『精神・自我・社会』河村望訳，人間の科学社，1995年〕

Metzler, Bernard M. 1990, 'Mead's social psychology,' in John Pickering & Martin Skinner (eds), *From Sentence to Symbols: Reading in Consciousness*, Harvester Wheatsheaf.

Passmore, John 1969, 4th ed., *Talking Things Over*, Melbourne University Press, Melbourne.

Prichard, Michael S. 1985, *Philosophical Adventure with Children*, University Press of America, Lanham, Maryland.

Reck, A. (ed.) 1964, *Selected Writings of George Herbert Mead*, University of Chicago Press, Chicago.

Reed, Ronald F. 1983, *Talking with Children*, Arden Press, Denver, Colorado.

Ryle, G. 1972, 'Thinking and self-teaching,' *Rice University Studies*, Vol. 58, No. 3. Reprinted in Lipman (ed.), *Thinking Children and Education*.

Sharp, Ann Margaret & Reed, Ronald F. (eds) 1991, *Studies in Philosophy for Children: Harry Stottlemeier's Discovery*, Temple University Press, Philadelphia.

Siegler, Robert S. 1991, *Children's Thinking*, 2nd ed., Prentice Hall, Englewood Cliffs, N.J.

Splitter, Laurence J. & Sharp, Ann M. 1995, *Teaching Better Thinking: The Classroom Community of Inquiry*, Australian Council for Educational Research, Melbourne.

Stebbing, L. Susan. 1939, *Thinking to Some Purpose*, Penguin, Harmondsworth.

—— 1952, *A Modern Elementary Logic*, 5th ed., Methuen, London.

Vygotsky, L. S. 1962, *Thought and Language*, M. I. T. Press, Cambridge, Mass.〔L. S. ヴィゴツキー『思考と言語』柴田義松訳，新読書社，2001年〕

—— 1978, *Mind in Society: The Development of Higher Psychological Processes*, Michael Cole, Vera John-Steiner, Sylvia Scribner & Ellen Souberman (eds), Harvard University Press, Cambridge, Mass.

Wertsch, James V. 1985, *Vygotsky and the Social Formation of Mind*, Harvard University Press, Cambridge, Mass.

Wilson, John 1971, *Thinking with Concepts*, Cambridge University Press, London.

子どもの本と教材

Argent, Kerry 1988, *Friends*, Omnibus/Puffin, Ringwood, Victoria.

Burningham, John 1991, *Aldo*, Jonathan Cape, London. 〔J. バーニンガム『アルド・わたしだけのひみつのともだち』谷川俊太郎訳, ほるぷ出版, 1991年〕

Cam, Philip (ed.) 1993, *Thinking Stories 1: Philosophical Inquiry for Children*, Hale & Iremonger, Sydney.

—— 1993, *Thinking Stories 1: Teacher Resource/Activity Book*, Hale & Iremonger, Sydney.

—— (ed.) 1994, *Thinking Stories 2: Philosophical Inquiry for Children*, Hale & Iremonger, Sydney.

—— 1994, *Thinking Stories 2: Teacher Resource/Activity Book*, Hale & Iremonger, Sydney.

Carle, Eric 1973, *I See a Song*, Hamish Hamilton, London. 〔E. カール『うたがみえるきこえるよ』もりひさし訳, 偕成社, 1981年〕

—— 1974, *The Very Hungry Caterpillar*, Puffin, Harmondsworth. 〔E. カール『はらぺこあおむし』もりひさし訳, 偕成社, 1989年〕

Carroll, Lewis 1993, *Alice's Adventures in Wonderland*, in *The Complete Stories of Lewis Carroll*, Magpie, London. 〔L. キャロル『不思議の国のアリス』高橋宏訳, 書籍情報社, 2002年〕

Cole, Babette 1986, *Princess Smartypants*, Hamilton, London. 〔B. コール『トンデレラ姫物語』上野千鶴子訳, ウイメンズブックストア松香堂, 1995年〕

Dahl, Roald 1991, *Esio Trot*, Puffin, Harmondsworth. 〔R. ダール『恋のまじない, ヨサメンカ』久山太一訳, 評論社, 1997年, 『〈ロアルド・ダール コレクション 18〉こっとっとスタート』柳瀬尚紀訳, 評論社, 2006年〕

de Haan, Chris, MacColl, San and McCutcheon, Lucy 1995, *Philosophy with Kids*, Longmans, Melbourne.

Dr. Seuss 1958, The Cat in the Hat Comes Back, Random House, New York. 〔ドクター・スース『キャット イン ザ ハット』伊藤比呂美訳, 河出書房新社, 2001年〕

Factor, June 1989, *Ladles and Jellyspoons: Favorite Riddles and Jokes of Australian Children*, Puffin Books, Ringwood, Victoria.

Hunt, Nan 1981, *Whistle Up the Chimney*, Collins, Sydney.

Lindsay, Norman 1957, The Magic Pudding, Penguin Books, Ringwood, Vivtoria. 〔N. リンゼイ『まほうのプディング』小野章訳, 講談社, 1979年〕

Lipman, Mathew 1988, *Elfe*, Institute for the Advancement of Philosophy for Children, Montclair State College, New Jersey.

—— 1989, *Pixie*, Australian Council for Educational Research, Hawthorn, Victoria.

—— 1989, *Kio and Gus*, Australian Council for Educational Research, Hawthorn, Victoria.

—— 1992, Harry Stottlemeier's Discovery, adapted by Laurance Splitter, Australian Council for Educational Research, Hawthorn, Victoria.

Lipman, Matthew & Sharp, Ann Margaret 1982, *Looking for Meaning: Instruction Manual to Accompany Pixie*, IAPC/University Press of America, Lanham, Maryland.

Lipman, Matthew & Sharp, Ann Margaret & Oscanyan, Frederick S. (eds) 1984, *Philosophical Inquiry: An Instruction Manual to Accompany Harry Stottlemeier's Discovery*, 2nd ed., IAPC/University Press of America, Lanham, Maryland.

Lipman, Matthew & Sharp, Ann Margaret 1986, *Wondering at the World: Instruction Manual to Accompany Kio and Gus*, IAPC/University Press of America, Lanham, Maryland.

Lipman, Mathew & Gazzard, Ann 1988, *Getting Our Thoughts Together: Instruction Manual to Accompany Elfe*, IAPC, Montclair State College, New Jersey.

Marks, Alan 1988, *Nowhere to be Found*, Picture Book Studio, Saxonville, Maryland.

Milne, A. A. 1928, *The House at Pooh Corner*, Methuen, London.〔A. A. ミルン『プー横丁にたった家』石井桃子訳, 岩波書店, 2000年〕

Murris, Karin 1992, *Teaching Philosophy with Picture Books*, Infonet Publications, London.

Rosen, Michael and Blake, Quentin 1987, *Hard-Boiled Legs*, Walker Books, London.

Ross, Tony 1987, *Foxy Fables*, Puffin, London.

Rowe, Don and Newton, Jan 1994, *You, Me, Us! Social and Moral Responsibility for Primary Schools*, Citizenship Foundation, London.

Sprod, Tim 1993, *Books into Ideas*, Hawker Brownlow Education, Melbourne.

Williams, A. E. & Eakins, C. 1980, *New Social Studies through Activities*, Martin Education, Sydney.

152　参 考 文 献

監訳者あとがき

　本書はPhilip Cam, *Thinking Together: Philosophical Inquiry for the Classroom*, Hale & Iremonger Press, 1955. の全訳である。

　監訳者が最初に著者フィリップ・キャム（Philip Cam）氏とお会いしたのは，2004年3月21日でした。それは，私が大阪教育大学に勤務していた時，小学校教員養成課程総合認識系の学生を連れて，ブリスベーンのビューランダ小学校で海外教育実習をした際，その帰国便がシドニーを経由し，シドニーでかなりの時間待機する必要があったので，その時間を利用しての訪問でした。なぜ彼を知ったかと言えば，ビューランダ小学校のリン・ヒントン（Lynne Hinton）校長先生からの紹介でした。

　ビューランダ小学校はヒントン校長の指導の下，1997年からカリキュラムの中に「子どものための哲学」（Philosophy for Children，以下，P4Cと略記）を組み込み，大きな成果を上げた小学校として有名でした。当時のビューランダ小学校の報告書によると，全クラスでP4Cを導入することによって，2年目からその成果が現れ始め，クウィンズランド州の他の学校よりも良い成績を修めるようになったということです。P4Cでは読書き能力，計算力，社会的スキルに焦点を当て，子どもたちはこれらの3つの基本的な領域での成績が改善されたと報告されています。実際のテストでも，算数，理科，英語（国語）で他の学校の児童よりもかなり良い成績を修めたという結果が出ています。

　同小学校はこのような成果によって注目され，多くの訪問客を受け入れるようになったのですが，私もかつての同僚の田中博之氏とともに，クウィンズランド州教育省より同小学校を紹介され，2001年3月に訪問することになり，その後，ヒントン校長と親しく交わることになりました。そして，同小学校を訪問した時に，ヒントン校長に実際どのようなテキストを用いてP4Cを実践されているかをお尋ねした時に，推薦されたのが本書，*Thinking Together*でした。

　原著者のフィリップ・キャム氏は，オーストラリアのシドニーにあるニュー

サウスウェールズ大学を退職後，同大学のAdjunct Associate Professorであり，オックスフォード大学で博士号を取得しました。

　P4Cの世界的指導者で，現在はPhilosophy in Schools Association of New South Walesの会長をしています。著書には *Thinking Together*（本書），*Teaching Ethics in School*（今年中に萌書房から出版予定）や，P4C用の教材があり，倫理と教育の問題についての研究者・実践家でもあります。

　彼に関しては，以下のウェッブも参考にして下さい。

  Cam氏が登場してP4Cの実践を紹介する動画　http://youtu.be/tk_B32 HtnWg

  Cam氏の著作　http://www.acer.edu.au/documents/PhilipCamFlyer_web.pdf

  Cam氏のFacebook　http://www.facebook.com/DrPhilsPhilosophyPage

  Philosophy in Schools Association of New South WalesのHP　http://www.philosophyinschoolsnsw.org/

　私がP4Cのことを知ったのは，1990年代の半ばだったと思います。P4Cは，アメリカの哲学者マシュー・リップマン（Mathew Lipman, 1922-2010）によって1960年代から開発された学校教育現場における哲学教育プログラムです。彼は，1974年に，ニュージャージー州のモンクレア大学に「子どものための哲学」推進研究所（Institute for the Advancement of Philosophy for Children (IAPC)）を設立し，P4Cの普及に努めました。1990年代初めには，全米で約5000校がP4Cを取り入れたと言われています。国際的にも大きな反響を呼び，1985年にはThe International Council for Philosophical Inquiry with Children (ICPIC) が設立され，いろいろな国でP4C普及のための学会等が設立され，今では50カ国以上の大学や学会がその普及に努めています。

　しかし，私がP4Cを知った当時，P4Cに関する情報は日本ではまったくと言っていいほど存在しませんでした。1990年代に書かれた日本語文献で，P4Cを紹介しているものは，安藤輝次・渡辺一保両氏の「M. リップマンの『子供のための哲学』の検討」（『福井大学教育学部紀要』第Ⅳ部「教育科学」第45号，

1993年）とG. B. マシューズ氏の『合本版　子どもは小さな哲学者』（鈴木晶訳，新思索社，1996年）と同氏の『哲学と子ども』（倉光修・梨木香歩訳，新曜社，1997年）だけしか発見できませんでした（その後，西野真由美氏の「オーストラリアにおける子どものための哲学教育：思考力を育成する道徳教育のための一考察」（『比較教育学研究』第23号，1997年）の存在を知りました）。

　私がP4Cに関心を抱いたのは，P4Cの教育方法が日本の学校教育には欠けている要素，特に教室で子どもたちが共に探求し，自分の知を共有するという要素を取り入れ，また日本の学校教育には，子どもにとって知の対象は個別学問的に分断されているのではなく，興味を引き不思議なものであるという発想がほとんどないという状況を克服するには適切な教育方法ではないかと考えたからです。しかし，当時の日本の学校教育の現状からして，P4Cを学校に導入することは不可能ではないかと考えました。というのは，学校教育は教科中心であり，教師が基本的にすべての教科を担当する小学校においてすら，授業は教科に分断され，教科間の結びつきとか，教科の統合ということはまったくと言っていいほどなく，もちろん，P4Cの入る余地はまったくなかったからです。また，大学における教員養成も教科中心に構成され，必ずしも子どもの知的好奇心を受け止める能力を開発するものではありません。

　私は日本の教育行政に関してはまったくの素人ですが，このような日本の教育現場に対して，すでに中央教育審議会は1971年には，自ら「第3の教育改革」と位置づけた46年答申を出し，現在の教育改革の方向づけをしています。そして1984年には臨時教育審議会が発足し，その翌年には第1次答申「教育改革の基本的考え方」を出しています。そして，1987年まで矢継ぎ早に，第4次答申まで出しました。これらの答申では，個性が重視され，創造性・考える力・表現力の育成，主体的に学ぶ意志，問題解決に向かう積極的な知的探究心などが称揚されました。そこには，「ポスト産業時代」「高度情報化時代」「知識集約型社会」のあり方に即した教育をどう展開するかという視点があったわけです。そして，「自己教育力」とか「新しい学力観」という標語の元に，1989年には小学校低学年に生活科が新設され，1996年と97年の中教審「21世紀を展望した我が国の教育の在り方について」の答申を受けて，2000年に学

習指導要領が改定されて，2002年に小学校高学年以上に総合的な学習の時間が導入されたわけです。

このような状況の中で，国立大学の教員養成大学・学部は，教員就職率の減少から，1998年から2000年にかけて入学定員を5000名削減しなければならなくなります。これを受けて，各大学は文部省（当時）から改革を求められたわけですが，大阪教育大学はこの改革に対応するとともに，総合的な学習の時間に対応する資質や能力を持った教員を養成するため，小学校教員養成課程に「総合認識教育専攻」を2000年4月に設置しました。

私はこの新しい専攻の設置に関わり，さらにはこの専攻の運営委員長となりました。いわゆる教育の専門家ではない私がなぜこのことに関わらなければならなかったのでしょうか。それは私が日頃，小学校教員養成課程では，中学校・高等学校の教科中心とは違ったカリキュラムの下に教育をするべきであると主張していたからです。ところが，大学では講座を含めすべてが教科あるいは専門の学問領域中心に運営されているので，総合的な学習の時間に対応するカリキュラム開発はほぼ不可能でした。実際，この総合認識教育専攻の組織運営も「運営委員会」方式を取り，どの講座も責任を取りませんでした。

私は，「現代のグローバルな社会における問いは，従来の個別教科では見出しえなかったものであり，そういう意味で教科横断的なもの，あるいは教科超越論的なものであって，しかも個別教科を新たな視点から捉え直し，それを深化する可能性をもつ」という自覚の下で，共同体験，地域との関係，知の共有化，実習の重視という視点でカリキュラムを開発・研究し，専攻学生は大学での教育において自分の体験を振り返り，その意味を自ら発見することができるように工夫しました。もちろん，カリキュラムの開発・研究は同僚の先生と議論に議論を重ねて共同して作り上げていきました。

このようなカリキュラム開発・研究の過程で私は次第にP4Cに注目していきました。そして，総合的な学習の時間が設置されることによって，初めて学校教育現場でP4Cの教育の可能性が生まれたとも思いました。そして，先にも触れましたように，2001年3月にビューランダ小学校を初めて訪問し，同じく翌年の3月にも訪問しました。そして，2003年7月には大阪大学の臨床哲学

研究室の教育分科会で，子どものための哲学・子どもとともにする哲学の紹介を行い，総合認識教育専攻やビューランダ小学校での実践の紹介もしました。このような活動を受けて，2003年10月19日にはビューランダ小学校のヒントン校長を日本に招聘し，大阪大学でプレゼンテーションをしてもらい，10月22日には天美北小学校でP4Cの授業を実施してもらいました。

　この頃には，E. マルテンス『子供とともに哲学する』(有福美年子・有福孝岳訳，晃洋書房，2003年) が出版され，また，総合的な学習の時間が創設されたことを受けて，2002年から総合的な学習とP4Cとの研究を進めていた松本伸示氏が『「子どものための哲学」を取り入れた総合的な学習のカリキュラム開発』(2004年3月) の報告書を出しました。この報告書では，P4Cのカリキュラムとして開発された2－3学年用のKIO & GUS，3－4学年用のPIXIE，5－6学年用のHARRY STOTTLEMEIER'S DISCOVERYの全訳が資料として掲載されています。また，小学校の現役の教師である榎本英雄氏は松本伸示氏の指導で，2003年度の修士論文『Reasoning Skillsの育成を目指したカリキュラム開発及び授業実践』を上梓しています。

　そして，私は総合認識教育専攻を共に運営してきた同僚の田中博之氏 (現在は早稲田大学) や大阪教育大学の附属高校天王寺校舎・附属天王寺中学校の協力を得ながら，2004年3月31日に「子どものための哲学・子どもとともにする哲学」の研究会を立ち上げるための準備会を開催しました。この研究会は，再び大阪大学の臨床哲学研究会と共催で，2004年6月に「子どものための哲学」公開授業・公開講座を開催しました。その案内は以下のようなものでした。

「子どものための哲学」公開授業・公開講座

　「子どものための哲学・子どもとともにする哲学」を実践し，研究しておられるアメリカ合衆国とオーストラリアの先生方をお招きし，「子どものための哲学」のもつ可能性を考えようと，以下のような公開授業・公開講座を企画しました。参加は無料です。
　　主催　「子どものための哲学・子どもとともにする哲学」研究会
　　　　　大阪大学臨床哲学研究室
1. 6月6日 (日曜日)：スプロッド氏による子どもの哲学に関するワークショップ

中学1年生20名を対象としたワークショップと研究会

午後1：00〜

ところ　大阪教育大学附属天王寺中学校　北館2階　視聴覚教室（大阪環状線寺田町駅，天王寺駅より改札口下車徒歩5分）

2. 6月9日（水曜日）：スプロッド氏による子どもの哲学の授業（テキスト：センダックの絵本『かいじゅうたちのいるところ』）

午前　11時45分頃　5年1組でデモンストレーション授業（4校時）
昼食休憩
午後　1時40分頃　5年2組でデモンストレーション授業（5校時）
授業終了後　　授業検討会

ところ：天美北小学校（近鉄南大阪線かわちあまみ駅より徒歩約15分）

この授業はテレビ会議でオーストラリアのビューランダ小にも繋ぎます。

3. 6月12日（土曜日）：マシューズ氏とスプロッド氏のシンポジュウム

テーマ「「子どもの哲学」と道徳教育・シティズンシップ教育」
午後　13：30〜17：00

ところ：大阪大学中之島センター　講義室2（中之島センターへの道順：福島駅（JR・阪神）から「なにわ筋」を南方向（堂島川方向）に向かう（徒歩8分）。堂島川を越えたら，左折し，川沿いを進む（徒歩2分））

4. 6月14日（月曜日）：マシューズ氏による授業

時間　3時間目の予定。詳細はお問合わせください。
ところ　大阪市立開平小学校：京阪電鉄／大阪市営地下鉄堺筋線　北浜駅よりすぐ

内容：マシューズ氏が書き下ろしたお話しを使い，子どもたちと哲学の対話をします。

《講師紹介》

ギャレス・マシューズ（Gareth Matthews）氏は，マサチューセッツ大学アマースト校教授。専門はアリストテレス，アウグスティヌスをはじめとする古代・中世哲学だが，子どもと哲学に関する著作で世界的に知られ，地域の小学校で「子どもの哲学」を楽しんでおられます。

代表的著作：*The Augustinian Traditions*, California UP（アウグスティヌスの伝統），*Socratic Perplexity: And the Nature of Philosophy*, Oxford UP（ソクラテスのとまどい：および哲学の本性），*Philosophy and the Young Child*, Harvard UP（邦訳『哲学と子ども』）

ティム・スプロッド（Tim Sprod）氏は，オーストラリア・タスマニアのフレンズ・スクール教諭，タスマニア大学の特別研究員。子どもの哲学の授業を実践するとともに，子どもの哲学に関する著作を発表しておられます。

　代表的著作：*Philosophical Discussion in Moral Education: The Community of Ethical Inquiry*, Routledge（哲学的討論と道徳教育：倫理的探求の共同体）

また，両氏に関しては，2004年に発行された『臨床哲学』第6号を参照してください。

（http://www.let.osaka-u.ac.jp/clph/pdf/vol6.pdf）

　この公開授業・公開講座では，6月9日の天美北小学校の授業では，ビューランダ小学校とテレビ会議システムで一緒に授業をする予定でしたが，残念ながら回線がうまくつながらず，このテレビ会議は実現しませんでした。

　このような状況の中，何回か研究会を開催したのですが，私自身は，いろいろな事情があって，2005年の3月に大阪教育大学を辞職し，4月には武庫川女子大学へ転職しました。そして，翌年の7月武庫川女子大学のアメリカ分校に着任することになり，日本を離れることになりました。率直に言えば，総合認識教育専攻もP4C研究会も投げ捨ててしまったわけです。それでも，最後の指導学生の中にP4Cを卒業論文のテーマにした学生が出てくれました（この学生の卒業論文には，2003年10月22日にビューランダ小学校のヒントン校長が松原市立天美北小学校で実施した授業と，2004年にギャレット・マシューが大阪市立開平小学校で実施した授業の記録が掲載されています）。また，田中博之氏の指導学生はイギリスにおけるP4Cを紹介して，その手法を用いて，小学校で13回の授業をし，その活動を卒業論文でまとめています。そして，アメリカに行くにあたって，西宮市立香櫨園小学校の金澤正治氏にはP4Cの実践を続けてくれるように頼みました。

　私は2012年の9月，6年間のアメリカ生活の後，帰国しました。その6年間，P4Cからは離れていたわけですが，関心は持ち続けており，帰国後に金澤氏にP4Cの様子を尋ねました。彼自身はその間，大阪大学の本間直樹准教授や兵庫県立大学の豊田光世講師（現在は東京工業大学）の指導を受け，さらには外国のP4Cの専門家を受け入れて，小学校でP4Cの実践をしてもらったりしていたということです。また，東京でも「子どものための哲学研究所」が設置されたり

して，P4Cへの関心が日本でも広がっていました。実際2014年には河野哲也氏が『こども哲学で対話力と思考力を育てる』(河出ブックス)を出版し，彼が中心となって，同年にマシュー・リップマンの *Thinking in Education* が『探求の共同体　考えるための教室』(玉川大学出版部)という題で，また2015年には，リップマン，アン・マーガレット・シャープ，フレデリック・オスカニアンの *Philosophy in the Classroom* が『子供のための哲学授業』という題で，出版されました。そして，ハワイで実践されているP4Cを紹介している豊田氏は仙台でもP4Cを展開しています。

　このように日本でもP4Cに対する関心はかなり普及してきてはいますが，それでは実際に学校教育現場ではどのようにP4Cが受け入れられているのか，また，現場の教師に対する啓蒙等がどれほど広がっているのかとなると，どうやらまだまだ心許ない状況のようです。私とすれば，このような状況の中で，再びP4Cに関わるとするなら，このような状況を少しでも改善できるよう貢献できたらと考えました。それには，まずは現場の先生に役に立つテキストを紹介することであろうと考え，2014年の3月の末にオーストラリアを訪問し，フィリップ・キャム氏と再会して，本書の翻訳の許可をもらったわけです。また，現在若い現場の先生方と一緒になって，p4c japan (p4c-japan ¦ philosophy for children 子どものための哲学 http://p4c-japan.com/) を立ち上げ，様々な　情報発信を試みています。今後益々P4Cへの関心が高まってくることを心から願っています。

　最後になりましたが，本書の出版には萌書房の白石徳浩氏に大変お世話になり感謝申し上げます。今後，この種の書籍の出版に関して萌書房が先駆的な役割を担っていただけるものと期待しております。

2015年10月

桝 形 公 也

訳者紹介（＊は監訳者）

＊桝形 公也（ますがた　きんや）

1947年神奈川県生まれ。京都大学大学院文学研究科博士課程単位取得退学。大阪教育大学名誉教授，武庫川女子大学名誉教授。『キェルケゴールを学ぶ人のために』（共著：世界思想社，1996年），『エチカとは何か——現代倫理学入門』（共著：ナカニシヤ出版，1999 年）ほか。〔監訳：日本の読者へ，序，第1章，付録，参考文献，監訳者あとがき〕

井谷 信彦（いたに　のぶひこ）

1980年大阪府生まれ。京都大学大学院教育学研究科博士後期課程研究指導認定退学。博士（教育学）。同研究科助教を経て，現在，武庫川女子大学文学部教育学科講師。『臨床の知　臨床心理学と教育人間学からの問い』（共著：創元社，2010年），『存在論と宙吊りの教育学　ボルノウ教育学再考』（京都大学学術出版会，2013年），『ワークでまなぶ教育学』（共著：ナカニシヤ出版，2015年）ほか。〔第2章，第3章〕

高井 弘弥（たかい　ひろみ）

1960年茨城県生まれ。京都大学大学院文学研究科博士課程満期退学。樟蔭女子短期大学・島根大学教育学部を経て，現在，武庫川女子大学文学部教育学科教授。『子どもの発達心理学を学ぶ人のために』（共著：世界思想社，2003年），『〈私〉という謎　自我体験の心理学』（共著：新曜社，2004年）ほか。〔第4章〕

宮澤　是（みやざわ　ただし）

1959年福島県生まれ。関西学院大学大学院文学研究科博士後期課程単位取得満期退学。現在，武庫川女子大学文学部教育学科准教授。「ジャズ・エイジの寓話としての Tale of the Jazz Age ——時間の流れと変化」『Mukogawa Literary Review』第32号（武庫川女子大学英文学会，1996年），「アメリカのあるべき姿——ギルマンの『ハートランド』を読む」『英文学』第46巻第2号（関西学院大学英米文学会，2002年），『異相の時空間——アメリカ文学とユートピア』（共編著：英宝社，2011年）ほか。〔第5章，第7章〕

中川 雅道（なかがわ　まさみち）

1986年京都府生まれ。大阪大学大学院文学研究科博士後期課程単位取得退学。現在，神戸大学附属中等教育学校教諭。「学校で，セーフな場で，共に考える：p4cハワイの実践から」『メタフュシカ』第44号（大阪大学大学院文学研究科哲学講座，2013年），『哲学カフェのつくりかた』（共著：大阪大学出版会，2014年），マシュー・リップマン『探求の共同体　考えるための教室』（共訳：玉川大学出版部，2014年），ほか。〔第6章〕

共に考える——小学校の授業のための哲学的探求——〈P4C叢書〉

2015年11月20日　初版第1刷発行

監訳者　桝形公也
発行者　白石德浩
発行所　有限会社 萌書房
　　　　〒630-1242　奈良市大柳生町3619-1
　　　　TEL（0742）93-2234 / FAX 93-2235
　　　　[URL] http://www3.kcn.ne.jp/~kizasu-s
　　　　振替　00940-7-53629
印刷・製本　共同印刷工業・藤沢製本

ISBN978-4-86065-099-5